誰でも「億り人」になれる
不動産IQの魔法

投資家
末岡由紀

扶桑社

「貧乏列車」に乗るか？　「金持ち列車」に乗るか？

東京から大阪まで電車で移動しようとしたとします。

新幹線の指定席なら1万4000円ほどかかりますが所要時間は2時間半。

鈍行列車は費用をおさえられますが、席に座れるか不明瞭な上に9時間ほどかかります。

私たちの人生も同じです。

どの列車に乗るかで、あなたの未来は大きく変わります。


人生で乗る列車は大きく分けると、たった2つしかありません。

「貧乏列車」と「金持ち列車」です。


「貧乏列車」は、たとえるなら朝の通勤ラッシュです。駅のホームも電車の車内も、たくさんの人でごったがえし、押し合いへし合いのギュウギュウ詰めです。

にもかかわらず、多くの人が自ら「貧乏列車」に乗ることを選択しているのです。

一方で、「金持ち列車」はどうでしょうか?

「金持ち列車」は、たとえるなら新幹線のグリーン車です。

広くゆったりとした席で、人生の目的地まで快適な旅を楽しむことができます。

さて、あなたはどちらの列車に乗りたいですか?


2021年『世界不平等研究所』の発表によると、世界の上位1%の超富裕層が世界全体の37・8%の富を所有しているそうです。

恐るべき格差社会の実態です。

「貧乏列車」に乗っている人は格差社会の中で苦労し続け、いつまで経っても状況が変わらないままです。

あなたは、今のままでいいのでしょうか?

「もう貧乏列車には乗りたくない!」

本書では、そんなあなたのために「金持ち列車」に乗る方法を伝授します。

ちなみに、「金持ち列車」の切符の値段は1億円です。

「高い！」と思う人は、「金持ち列車」にはいつまで経っても乗れません。


なぜ、乗車券が1億円なのか？

1億円があれば、お金にレバレッジをかけて増やすことができるからです。

何も苦労することなく、生涯を安泰に過ごすことができるでしょう。

たとえば、１億円を不動産投資やゴールド（金）の購入で、年利10％で運用できれば、それだけで毎年１０００万円を手にすることができるのです。

年利10％と聞いて「私には無理！」と思うかもしれませんが、意外と簡単に手に入ります。

私は北海道でマンションやアパートの不動産投資をしていますが、年利10％なんて当たり前です。年利15％の物件も山ほどあります。

また、ゴールドの値段は、ロシアがウクライナに侵攻してから購入しても、たった1年半で50％も値上がりしています。

つまり、日本円で1億円をゴールドに換えていた人は、１億５０００万円になったのです。

「金持ち列車」に乗っている人の資産はどんどん増えていきます。

1億円の切符を持っているだけで、誰でも巨富を手にすることができるのです。

私が以前に出した著書、『お金持ち列車の乗り方』（東邦出版）は想像以上に売れて重版を繰り返し、5万部を突破しました。

書店からの引き合いも良く、返本率がたったの2割なので、ほとんどが書店で売れたことになります。（この本は、現在、タイトルを変えて幻冬舎から出版されています。『金持ち列車、貧乏列車』）

これは、私が提唱するお金持ちになる方法が多くの人に受け入れられた証拠です。

本書では、その独自メソッドを可視化し、より現代風にわかりやすく噛み砕いて解説しています。

ぜひ本書を通じて、あなたも「貧乏列車」から「金持ち列車」に乗り換えてください。

「不動産IQ」は6つの要素に可視化できる

ドイツの詩人、ヨハン・ヴォルフガング・フォン・ゲーテは言いました。

「財布が軽ければ、心は重い」

誰もが、心からうなずく言葉でしょう。


不動産は、あなたをずっと「金持ち列車」に乗せてくれます。

たとえば、私の母はどこにでもいる普通の女性です。

私のように不動産営業で№１になったわけではなく、年商50億円のグループ企業を経営していたわけでもなく、あるいは不動産販売の資格を持っているわけでもありません。

それでも、母の保有している不動産資産は約３億円、預金は７０００万円です。

そして、毎年、高額な利益を生み続けています。

しかも、たったの10年で「金持ち列車」に乗りました。投資に精通していない普通の女性が、なぜ人も羨むほどの資産を持つことができたのでしょうか？

多額の資産を持つことができるか否かは、「不動産ＩＱ」が高いか低いかに左右されます。知識がない人ほど不動産に関する理解がありません。

本書では、不動産の活用によってお金を生み出し、増やしていく能力を「不動産ＩＱ」と定義しました。「不動産ＩＱ」が高い人は、人のお金で不動産を買い、資産を雪だるま式に増やしています。

一方で、「不動産ＩＱ」が低い人は、不動産投資をしても損をするだけです。

事実、不動産投資家の９割は損をしているのです。

「不動産ＩＱ」とは、どのような能力から割り出されるものなのか？

その指標は、６つの要素から成り立っています。

１．不動産の知識

不動産についての正しい知識を持っていること。

２．物件選びの知恵

正しい物件選びの方法を理解していること。

3．足を使った実践

知識だけでなく、行動によって不動産投資を実践していること。

4．潜在意識の活用

不動産投資に適したマインドを持っていること。

5．不動産を買うための訓練

安易に手を出さず、きちんとシミュレーションを行っていること。

6．人脈形成

メンターを持ち、友だちを選ぶこと。

お金持ちコミュニティなどで、優れた人脈を築いていること。

本書を読むことで、誰もが「不動産ＩＱ」を高められます。

「不動産ＩＱ」を高めることで、あなたの資産を１００倍にすることも可能です。

まさに、「不動産ＩＱ」こそ、「金持ち列車」に乗る切符を手に入れるための武器なのです。

日本のロバキヨが教える「億り人」になる方法

みなさん、はじめまして。

エンジェル投資家で「ギガ大家」の末岡由紀（すえおか　よしのり）と申します。

2018年、世界でミリオンセラーになっている本、『金持ち父さん、貧乏父さん』の著者であるロバート・キヨサキを日本に招き、北海道と東京で2000人規模の大型講演会を成功させたことから、「日本のロバート・キヨサキ」と呼ばれています。

拙著『お金持ち列車の乗り方』の本の帯の推薦文はロバート・キヨサキで、写真も使用してよいと快く承諾してくれました。私自身もメンターである彼から多くを学び、現在では日本でもトップクラスの不動産投資を実現することができています。

今でこそ悠々自適な生活をしていますが、実は私の半生は、必ずしも順風満帆ではありませんでした。3歳のときに両親が離婚。貧しい母子家庭で育ち、子ども心に「いつか母親に楽をさせてあげたい」と、そればかり考えていました。

高校は、横須賀市の少年自衛隊（少年工科学校）に入学しました。自衛隊のエリート集団で、超厳しく規律正しい寮生活を経験し、根性と自立心を身につけました。

その後、札幌大学・外国語学部英語学科に進学し、卒業後の２０００年にアミューズメントの総合会社、太陽グループに新卒入社します。

しかし、「自分の居場所はここではない」と考え、不動産会社に転職しました。

昼は営業活動をし、夜は自作のチラシ配りをしていたため、ほぼ休み無しで働き続けました。その甲斐あって、入社1年目には、賃貸仲介の営業マン約３００人中トップの成績をおさめ、表彰されました。

その後、仲介営業、賃貸管理を経験するも、より大きな仕事をしたいと思い退職を決意。退職後すぐに結婚し、第1子が誕生、自宅も購入しました。

しかし、年収は１００万円まで激減してしまいます。

バイトをしながら資格試験の勉強をして、人生の模索を続けることになります。

２００６年、29歳のときに株式会社コマーシャル・アールイーに入社し、福岡や浜松で、新築アパートの建売事業に従事します。

翌2007年に札幌へ戻り、株式会社常口住宅販売へ転職。

アパート建設部に所属し、ここでもトップセールスマンになりました。

はじめて賃貸物件を持ったのは、この頃です。

少しずつ高められていった「不動産IQ」が一気に爆発したのです。

ここから運気がアップしていきます。

不動産会社で働きながら自分でもアパートを5棟所有し、わずか2年で50戸のオーナーになりました。常口住宅販売を退職するときには、年収は2000万円。

そして、4000万円の家賃収入がありました。


リーマンショック後の2008年10月1日、31歳のときに、不動産投資専門会社『パーフェクト・パートナー』を創業しました。

1期で売上4525万円を達成し、以来、毎期150%ずつの成長を遂げています。

2015年からは仲介と建売をやめ、高利回り（7・5〜10%）の新築アパート、マンション販売に特化。

グループ会社を含めて売上50億円、家賃収入は8億円ほどになりました。

その後、管理事業やホテル部門の売却を経て、10支店を閉鎖。

現在はスタッフ5名となり、年商は5億円の規模になりましたが、それ以外に家賃収入が入っています。

今後は、知的財産ビジネスを柱にしようと考え、不動産教育事業『不動産ＩＱアカデミー』をスタートしました。また、トータル13社を経営してきた経験を活かし、自社以外で22社のエンジェル投資家としても活動しています。

プライベートでは、２０２３年に3億円の豪邸を北海道に建てました。

現在は、5男1女のパパでもあります。

その他、念願だったワイナリーの所有や、歌手デビューなど自分の夢も叶えました。

夢を叶えられたのは、すべて不動産の力によるものです。

これからは『不動産ＩＱアカデミー』をはじめ、資産10億円の人を１０００人つくる「1兆円コミュニティ」の育成に尽力したいと考えています。幸せなお金持ちを増やすことによって、日本国自体を「金持ち列車」に乗せたいからです。

幸福な国・日本を取り戻すことが私の目的です。

残念ながら日本人は、借金の仕方がとても下手です。一方で欧米人は借金を上手に使って、ピケティの有名な「r＞g」という不等式を実践しています。

「労働で得る収入より、金利で得る収入のほうが高い」という経済学の方程式です。

ピケティの数式が意味しているのは、「お金持ちはよりお金持ちになり、労働でしか収入を得られない人はいつまで経ってもお金持ちになれない」ということです。

このように、経済には絶対法則があります。

私は本書を通して「不動産ＩＱ」という今までになかった新しい価値観を伝え、読者のみなさんを幸せなお金持ちにしたいと心から願っています。

ぜひ多くの人に本書を読んでいただきたいと思っています。

そして、国民１人１人が資産を増やすことで、日本全体の富が潤う「国富」を実現したいと強く願っています。

はじめに

「貧乏列車」に乗るか？　「金持ち列車」に乗るか？　2
「不動産IQ」は6つの要素に可視化できる　6
日本のロバキヨが教える「億り人」になる方法　9

第1章 「貯金力」と「借金力」が不動産投資の第一歩

最初にやるべきは「買わないこと」　24
まずは100万円を貯めなさい　26
生活のバランスが悪い人は貯金ができない　30
自己資金を使うよりも借金をしなさい　33
借金の種類と方法を知れば安心な投資ができる　35

第2章

潜在能力を活用すれば誰でも成功できる

融資を受けられる人、受けられない人 39
他人が支払ってくれる「良い借金」がある 41
元手0円で2000万円の物件を購入できる 44
「預金力」「借金力」「レバレッジ」のスパイラルアップ 47
お金持ちになる方法は3つしかない 52
誰でも自分の能力を10倍にアップできる 55
お金持ちになるためのマニュアルがある 57
夢を叶えるために傾向と対策を練る 59
「アイドルタイム」と「ピークタイム」を明確にする 61

第3章 幸せになりたいなら「不動産IQ」を高めなさい

「貧乏列車」の片道切符には目的地が書いてない　65
低賃金の職業でも生涯年収は伸ばせる　68
「生涯賃金」ではなく、「生涯年収」を増やす　71
チャンスは貯金できない　73
投資家になればストレスや悩みを手放せる　78
なぜ不動産投資が「ベストオブベスト」なのか？　81
大金が入っても慢心しない　83
不動産投資をはじめるのに年齢制限はない　85
知っておきたい不動産市場の基本用語　88

第4章

あなたを窮地から救う「不動産IQ」

投資の「センターピン」を狙う 92
セミナー参加は不動産IQを高めてから 95
「誰にも相談しないで即決」は危険 100
絶対に買ってはいけない「負動産」 103
不動産投資には特別なメンターが必要 106
不動産ポータルサイトが割高になる理由 109
良い営業マンの「2つ目」の条件 112
不動産投資で失敗しがちな4つのタイプ 114
お金を吸いとる「吸血鬼コミュニティ」 118

第5章

エア大家さんで「不動産IQ」を高める

「エア大家さん」でシミュレーションしてみよう　124
「金融電卓」と「貯金箱」でお金の感覚を磨く　127
土地、建物、家賃、利回りの「相場観」を養う　130
不動産IQを高めるPDCA　132
「ウェブ検索」で多くの物件にふれる　134
物件の相場観は「試算」で養う　136
「これだ！」と思った物件は「現地視察」に行く　140
「銀行面談」は信用金庫や信用組合から挑戦　143
面談できる銀行数を5倍に増やす　146

第6章

お金がお金を生む不動産購入のステップ

今の仕事をしていて、将来幸せになれるか？　152
「逆算思考」で銀行の融資を受ける　154
お金を借りられるのは銀行だけではない　156
「都心」「駅近」「商業地」で探す　159
優良か不良かを見極める「360度評価」　162
損をしないために手付金、違反金について学ぶ　165
知らなかったでは済まない「サブリース契約」　168

第7章

ワンランク上の不動産投資家を目指して

「お気に入り不動産」を他者に奪われないために 174
仲介業者と紹介者を満足させる 178
スムーズな売買ができるかは契約前に決まる 182
インカムとキャピタル、両方を手に入れる 184
今からでも確実に値上がりする場所はある 187
0円で買った家を100万円で売る方法 190
家賃アップを狙えるリフォーム術 193
賃貸で儲けるための3つの指標 197
外国人とペットに対応した物件づくり 201
数字に向き合うことで成功への道は拓ける 205
税金はケチってはいけない 208

第8章

成功する不動産オーナーは　プロから学んでいる

純資産が1億円を超えたらメンターから学ぶ　212
安いセミナーで勉強するほどお金を失う　216
元警備員がたった6年で33億円の資産家になった　220
投資家を食いものにする悪徳業者から学ぶ　224
資産活用にお勧めの不動産サイト3選　228
「不動産EQ」を高めて周りの人も幸せにする　230

あとがき
究極のメンターは「10年後の自分」　234

第1章

「貯金力」と「借金力」が不動産投資の第一歩

最初にやるべきは「買わないこと」

新宿・歌舞伎町などの歓楽街でぼったくられる人には、共通点があります。

それは、「少しでもいい思いをしたい」という欲望を抱えていることです。

煩悩《ぼんのう》がある人はキャッチにつかまりやすく、甘い言葉に誘われて、気がつけばビール1杯30万円の請求書。つまり、ぼったくられてしまうのです。

不動産投資も同じです。欲に支配されている人は、ちょっと本を読んだだけですぐに物件を買おうとします。


よくあるのは、不動産を「高値づかみ」して数百万円をぼったくられること。取り返しのつかない負債を負って、再起不能になってしまうのです。

私がよく使う言葉が「信じるな、疑え、確認しろ」

営業マンの言うことを鵜呑《うの》みにするのではなく、正しく疑い、信頼できる人にきちんと確認し、慎重に行動できる人が不動産投資で成功します。

馬鹿正直な人は失敗して、大きな損失を抱え込むことになるのです。
ほとんどの不動産投資本には、「まず、買え」と書いてあります。
しかし、その末路は悲惨です。煩悩を管理できていないのです。
煩悩を管理するために、本書がお勧めする方法はただ一つ。
いきなり不動産を「買わない」こと、それが正解です。
落ち着いて物件を観察し、しっかり知識を蓄え、万全の体制で臨む。
まずは、「不動産ＩＱ」を高めることに注力しましょう。
すぐに不動産を買う人は、「貧乏列車」に乗る人です。
「金持ち列車」に乗る人は、すぐに不動産を買おうとはしません。
甘い言葉に惑わされず、準備や訓練をしながら自分を鍛えていきましょう。

資産家へのファストパス

すぐに買う人は、すべてを失う。

まずは100万円を貯めなさい

厚み1センチ、重さ約100グラム。

これは、1万円札を100枚まとめた札束のサイズです。

一般的なスマホの厚みが「約0・9センチ」、重さが「約150グラム」なので、札束は手に持ったスマホと同じくらいです。


100万円と聞くと、多くの人は「大金だ」と感じます。

なぜ、そう思うのでしょうか?

理由は、「なかなか貯められないから」です。

1万円は、子どもでも貯めることができます。

10万円は、大人でも少し頑張れば貯められます。

けれど100万円は、そう簡単には貯められません。

実は、不動産投資は100万円あればできます。

「不動産投資をするには数千万円、数億円が必要なんでしょ？」

というイメージをお持ちの人もいるかもしれませんが、それは誤解です。

たとえば、『みんなの0円物件』という不動産ポータルサイトがあります。

サイトを見ると、0円で購入できる物件がたくさん掲載されています。

「管理できない」「固定資産税を支払うのがもったいない」などの理由で、0円でもいいから誰かに譲りたいと考えている人がたくさんいるのです。

もしあなたが100万円を持っているなら、こうしたサイトを活用して、今すぐ不動産投資をはじめられます。

軍資金を持っていないのであれば、100万円が貯まるまで待ってから不動産投資をはじめましょう。

0円で売られている物件なのに、100万円が必要な理由は2つあります。

一つは、諸経費がかかること。具体的には次のような経費がかかります。

・不動産の登記費用（登録免許税、印紙代、司法書士報酬など）
・税金（贈与税、不動産取得税、固定資産税など）
・その他（交通費、通信費、部屋の掃除費用など）
取得する不動産の価格（課税標準）や状況によって費用の額も変わってきます。

もう一つの理由は、不動産は買っただけではお金を生み出さないことです。
物件を賃貸に出すためには、リフォームをしなければなりません。
そのための費用も踏まえて、少なくとも100万円は用意しておくべきです。

私が「100万円の軍資金で、1年以内に預金残高を1000万円にしてください」と言われたら、簡単にクリアできます。
0円で一軒家を買ってリフォームし、短期的に数件の転売を繰り返せば、300万円、500万円、1000万円とお金を増やせます。

不動産IQが高い人は、このように考えています。

・すぐに売れそうな一軒家を見つける。
・月々5万円ぐらいで貸せる賃貸物件にリフォームする。
・リフォームにかけるお金は極力少なくする。
・家を借りてくれる人を見つける。
・600万円で売る計画を立てる。

毎月、家賃5万円をいただくと年収は60万円です。

利回りが10％あると宣伝し、うまく売却できれば600万円の評価になります。

低金利の日本では、利回り10％はかなり魅力的ではないでしょうか？

買い手もすぐに見つかるでしょう。

このように不動産IQを高めることができれば、100万円を上手に活用して、お金をどんどん増やせるのです。

資産家へのファストパス

軍資金は「100万円」あればいい。

生活のバランスが悪い人は貯金ができない

The magic of real estate IQ

どんなスポーツ選手にも「下積み時代」があります。

日本の野球選手であれば、米ロサンゼルス・ドジャースの大谷翔平選手や元シアトル・マリナーズのイチロー選手。海外のサッカー選手であれば、アルゼンチンのリオネル・メッシ選手やポルトガルのクリスティアーノ・ロナウド選手。

彼らは地道に練習して、ひたすらチャンスを待つ下積み時代がありました。ボールを手に取ることからはじめて、少しずつ思い通りに扱えるようになり、他の選手たちとも比較されながら、レギュラーの座を獲得して、そこでも競争の連続です。

勝ち負けを繰り返し、ときにはケガに悩まされ、それでも最後まで諦めずに努力をしてきた選手だけが、世界中の人々を感動させられるのです。

不動産投資も同じです。私たちはつい成功者の輝かしい姿ばかりに目を留めてしまうのですが、「下積み時代」があってこそ不動産ＩＱは高まっていきます。

不動産ＩＱは一気に高まるのではなく、少しずつ積み重なっていくのです。

まずは、生活のバランスを整えましょう。

なぜなら、生活習慣が悪い人は、貯金ができないからです。

給料が20万円だとして、そこから毎月1万円ずつ貯金しても、１００万円貯めるには8年以上かかります。その間、誘惑に負けてしまうのです。

収入と支出をきちんと調整すれば、誰にでも貯金はできます。

「そんなことでいいの？」と思った人もいるかもしれませんが、単純なことをできないようでは、1年後も、10年後も、何も変わりません。

手元の金額が、1万円、10万円、１００万円、１０００万円、1億円と増えていっても、ケタが変わるだけでやることは同じです。

会社員でも、主婦でも、学生でも、あるいはフリーターでも違いはありません。

不動産投資のファーストステージは、みんな倹約生活からはじまります。

まずは、自分の現状をよく見つめてください。

- **あなたの生活はバランスが整っていますか？**
- **遊びや買い物などに浪費していませんか？**
- **家計簿を定期的に見直して改善していますか？**

当たり前の倹約生活の中に、成功の秘訣が隠されています。

収入と支出がどうなっているのかによって、貯金できるかどうかが決まります。

「ＢＳ（貸借対照表）」や「ＰＬ（損益計算書）」をご存知の人もいるかもしれませんが、そこまで難しく考えなくても大丈夫です。

どうすればお金を貯められるのか、自分の生活を見つめるところから考えていきましょう。

資産家へのファストパス

自分の生活を見つめ直す。

The magic of real estate IQ

自己資金を使うよりも借金をしなさい

あなたは、自分の「生涯年収」をご存知ですか？

独立行政法人労働政策研究・研修機構の「ユースフル労働統計・労働統計加工指標集（2022年版）」によると、正規社員として働く大学・大学院卒の男性の生涯年収は2億6190万円。女性は2億1240万円です。

所得税や住民税、社会保険料などで20～30％引かれることを考慮すると、最終的な手取りは、男性で約1億8000万～2億1000万円、女性で約1億5000万～1億7000万円です。これでは、1000万円を貯めることはできても、数千万円を貯めるなんて夢物語ではないでしょうか？

自己資金で投資をやる必要はありません。

借金（ローン）をしてください。

不動産投資は収入と資産を大きくしていくのが基本です。

そのためには所有する不動産を増やしていく必要があります。
限られた自己資金で不動産を購入してしまうと、いずれどこかで買い増せなくなり、収入も資産も頭打ちになってしまうでしょう。
資産が1億円あるなら現金で買ってもいいのですが、貯金が数百万しかないのなら、借金をして不動産をどんどん買うべきです。
毎年のように不動産を買いたいのなら、フルローンを活用して物件を増やしていくのも一つの方法でしょう。おのずと家賃収入も増えていきます。

ただし、闇雲に借金をしていいわけではありません。

借入額が大きすぎると何か不動産トラブルがあったときに行き詰まってしまいます。賢く借金をしていく方法を学んでください。

資産家へのファストパス

借金をして資産を増やしていく。

借金の種類と方法を知れば安心な投資ができる

The magic of real estate IQ

私の弟は、不動産投資をはじめる前、アパートの清掃員でした。給料も安く、貯金も50万円ぐらいしかありませんでした。そんな彼も、今ではいくつもの不動産を所有するオーナーになり、高収入を実現しています。

不動産投資で成功できた理由は2つあります。

一つ目の理由は、私が不動産投資の知識やノウハウを伝授したことです。本人は不動産ＩＱが高いわけではありませんが、私が物件の選定から購入方法まで教えたため、不動産ＩＱが高い人と同じ行動を取ることができました。その結果、いくつもの優良不動産を所有することができたのです。

２つ目の理由は、借金（ローン）を上手に活用したことです。融資を受けるにはいくつかの方法があり、調達方法を調べた上で、自分が使える融資を適切に選択することが不動産投資を成功させる秘訣です。

初心者の多くは借金を活用する方法を知らず、「不動産投資には大金が必要だ」「収入がないと融資を受けることもできない」と思い込んでいるのですが、そうではありません。

たとえ年収が２００万円でも、貯金が50万円しかなくても、融資を受けることは可能です。たとえば、借金の種類には次のようなものがあります。

・メガバンク（三井住友銀行、三菱ＵＦＪ銀行、りそな銀行、みずほ銀行）
・地方銀行（千葉銀行、横浜銀行、北海道銀行など）
・信用金庫／信用組合
・日本政策金融公庫
・不動産投資向きの金融機関（オリックス銀行、スルガ銀行、三井住友ファイナンス＆リース、ＳＢＩエステートファイナンスなど）
・ノンバンク（信販会社、消費者金融など）
・フリーローン（住宅ローンやマイカーローンとは異なり、用途が自由なローン）
・リフォームローン

・住宅ローン
・空き家ローン
・セラーファイナンス（売主ローン）
・業者ローン（割賦《かっぷ》払い）
・家族からの融資

メガバンクは大手企業にしか対応しない場合が多く、地方銀行も初心者にはハードルが高いので、なかなか融資を受けられません。

一方、**信用金庫や信用組合は、主婦や学生でも借りられる可能性があります**。日本政策金融公庫や不動産投資向きの金融機関も同様に利用しやすいのが特徴です。また、ノンバンクやフリーローンもハードルが低く、金利は多少高くなりますが、資金に余裕がない初期段階では積極的に活用するとよいでしょう。

他にもリフォームローン、住宅ローン、空き家ローンなどを活用する方法もあります。すでに不動産投資で実績を出している人は売主にローンを組んでもらう「セラーファイナンス」や、業者にローンをお願いして割賦払いにする方法もあります。

家族からの融資も重要です。親や兄弟からお金を借りるのであれば、年収や借金の有無も関係ありません。また、家族間で不動産を売買する方法もあります。

このように借金にはさまざまな種類と方法があり、手元に資金がなくても不動産投資をはじめられます。貯金がないからと諦める必要はありません。

まずはスタートを切ることが大事です。

毎年、決算書や確定申告書を作成すれば、実績は積み重なっていきます。

やがて信用は高まり、使える借金の種類もどんどん増えていきます。

弟のように、あなたもたくさんの不動産を所有するオーナーになれるのです。

資産家への
ファストパス

主婦や学生でも、お金は借りられる。

融資を受けられる人、受けられない人

The magic of real estate IQ

勉強ができてスポーツ万能、みんなから慕われている優等生と、よく学校をサボっていてテストの点も悪く、先生や生徒にからむ劣等生がいたとします。

あなたなら、どちらにお金を貸したいと思いますか？

素行と「信頼性」に基づいて判断すると、前者と考える人が多いでしょう。しかし、優等生がものすごく貧乏な家庭で育ち、劣等生は家柄もよくお金持ちだったとしたら、判断も変わってくるのではないでしょうか？

本人が劣等生であっても「お金持ちの両親」という後ろ盾がある人と、優等生であってもお金の面で不安な人、どちらが資金を回収しやすいのかは明白です。

ここで私が言いたいのは、**お金を貸してもよいかどうかの判断は「外面や性格とは関係ない」ということです。**

不動産投資でも同じです。金融機関から融資を受けられるかどうか、どのくらいの金額を借りられるのかは、総合的に判断されるのです。「良い人そうだから貸す」「悪い人のようだから貸さない」という単純な基準ではありません。

金融機関はまず、その人の「属性」を見ます。

属性とは、「年収」「勤務先」「勤続年数」「家族構成」「住環境」「金融資産」「借入れの有無」などのことです。「年収」「勤務先」「勤続年数」などは本人の問題ですが、「家族構成」は本人以外の問題です。

家族の情報は、特に重要です。過去に両親が借金の返済で滞納があった場合、子どもに影響を及ぼすケースもあるのです。

さらに、持ち家も含めて「どのくらいの資産があるか」など、総合的に判断した上で融資するかしないか、そして金額も決まります。

資産家へのファストパス

融資向きの属性を整える。

The magic of real estate IQ

他人が支払ってくれる「良い借金」がある

戦前に第一生命保険の社長を務め、戦後は東京芝浦電気（東芝）の社長として経営再建を成功させた石坂泰三《たいぞう》氏は、次のような言葉を残しています。

「有効、有意義な借金、必ず返せる借金、分相応な借金は、決して一概に排すべきではない」

「借金＝悪」と頭ごなしに否定すべきではありません。

むしろ、有意義な借金は積極的に活用するべきでしょう。

なぜなら、不動産投資を成功させる秘訣だからです。

借金を恐れている人は、「ローン破綻」や「夜逃げ」など、借金の悪い部分にしか目を向けない傾向があります。だから、最初の一歩が踏み出せません。

しかし、コインに表と裏があるように、投資に成功と失敗があるように、借金にも「良い借金」と「悪い借金」があることを理解してください。

良い借金とは、「他人が支払ってくれる借金（Other People's Money）」のことです。

不動産投資が良い例です。マンションでもアパートでも、家賃を支払ってくれるのは他人です。不動産投資は家賃収入で借金を返済していくので、「他人が借金を支払ってくれている」ことになります。

だから、不動産投資の借金は良い借金です。

お金持ちは良い借金をすることで資産をどんどん増やしているのです。

悪い借金とは、「自分が支払わなければならない借金」です。

車のローンや持ち家のローンなどの借金は、すべて悪い借金と言えます。

だから悪い借金をする人は、常に自分が頑張らなければならず、一生労働に追われることになります。

悪い借金をする人は、お金を稼げなくなると破綻します。

自分の労働力に頼っているため、病気やケガなどがあると返済できなくなるケースが非常に多いのです。

社長が営業しないと成り立たない会社が、社長が病気になったとたんに倒産するのを想像していただければわかりやすいと思います。

不動産投資も入居者がいなくなれば家賃収入がなくなるのですが、不動産IQを高めれば、「入居率（戸数に対する入居者の割合）」や「返済比率（年収に占める年間返済額の割合）」などの数字を管理できるので、無理なく返済していけます。

労働所得と不労所得の決定的な違いを理解してください。

良い借金をする人は、資産がどんどん増えていきます。

悪い借金をする人は、資産がどんどん減っていきます。

この違いを理解しているかどうかで、未来は大きく変わります。

資産家へのファストパス

「良い借金」しかしない。

The magic of real estate IQ

元手0円で2000万円の物件を購入できる

重くて持ち上がらない石も、棒を使えば、ひょいっと持ち上がります。いわゆる「テコの原理」ですね。「支点」を中心として「力点」に力を加えることで、小さな力で大きなものを動かすことができます。

同じように、不動産IQの高い人は頭を使って資産を増やします。

不動産投資の世界では、「レバレッジ（leverage）」と言います。借金をすることでレバレッジを効かせて、資産を増やしていくのが醍醐味です。

すると、少額の自己資金でも大きな不動産を買うことができます。

私の弟が2000万円の不動産を買ったとき、自己資金は親から借りた500万円だけでした。その頭金で、信用組合から1500万円の融資を受けました。返済期間は10年で、金利は2・6％です。

購入した不動産物件はスナックや居酒屋も入っているビルで、部屋数は15室。

床面積はトータルで140坪。年間の家賃収入は400万円になりました。

つまり彼は、自分のお金を1円も使わずに、資産価値2000万円の不動産オーナーになることができたのです。

しかも、利回りは20％という超優良物件です。


自分のお金を使うのではなく、よそからお金を借りてきて物件を買う。

それによって、家賃収入を得るのが不動産投資におけるレバレッジです。


自己資金が少ないと小さな物件しか買えず、家賃収入も限られてしまいます。

しかし、レバレッジをかけることで大きな物件を買うことができます。

まさに、小さな力で大きなものを動かすテコの原理と同じです。

こうして、労働所得だけの小人の世界から、レバレッジを活用して大きな投資をする「レバレッジの巨人」の世界へ、足を踏み入れることができるのです。


弟の不動産物件はラピダスの半導体工場が千歳市に進出したことで、土地の価値も上昇。残債を支払っても、3000万円以上の現金が残ります。

元手は0円。親が貸してくれたお金を使って不動産投資をスタートしましたが、最初に2000万円の物件を買ったことで人生が好転したのです。

今では、このビルを担保にさらに大きな融資を受け、資産をどんどん増やし、着実に不動産オーナーへの道を歩み出しています。


不動産IQを高めれば、誰にでもそのチャンスがあります。

秘訣は、「いかにレバレッジを活用できるか」にあるのです。

「親に頭を下げるのは恥ずかしい」「借金するのはプライドが許さない」などと、決して見栄を張ってはいけません。

資産家へのファストパス

他人のお金を活用し、「レバレッジの巨人」になる。

The magic of real estate IQ

「預金力」「借金力」「レバレッジ」のスパイラルアップ

小さな雪だるまも、コロコロと坂道を転がせば徐々に勢いがついていき、周りの雪を吸収して大きくなります。

長い坂の下についたときには、巨大な雪玉になっていることでしょう。

「預金力」「借金力」「レバレッジ」は、まさに雪玉のように、資産を大きく膨らませていくための秘訣です。

重要なのは、「預金力→借金力→レバレッジ」というサイクルを回していくことです。

実績を積み重ねれば預金も増え、より多額の借金ができるようになり、購入する不動産もより大きくなっていくでしょう。

不動産ＩＱを高めれば、「借金＝純資産（返済義務のない資産）」という状況をつくることもできます。

たとえば、1000万円の借金をしたとしましょう。

5年で500万円返済すると、残債は500万円になります。

もしその土地の利便性が良かったり、人口が増えていたりすれば、買った金額以上の価格で物件を売却できる可能性があります。

1500万円で売れたとしたら、残債を引いても、手元に残るのは1000万円です。

つまり、借金した金額と純資産の額がイコールになっています。

不動産IQが高い人は、このようにして**「借金＝純資産」という状況をつくり、資産を雪だるま式に膨らませています**。

借金をすればするほど純資産も増やせるので、お金はどんどん増えていく一方です。

私自身もこんな経験があります。外国人に人気の北海道「ニセコ」の物件です。購入した当時は6000万円だったのですが、わずか2年で値段が跳ね上がり、売却価格は3億1000万円になりました。実に5倍の金額です。

また、私の母の事例では、融資を受けて4000万円で購入した物件が、10年後に同じ値段で売れています。

北海道恵庭市にあった物件で、駅から徒歩5分と立地がよく、賃貸需要も旺盛な場所でした。人口も微増している中核都市ということもプラスに働きました。

残債は半分になっていたので、結果的に手元に2000万円が残りました。

これらの方法は不動産IQを高めることができれば、日本全国で実現できます。

駅からの距離、駅の利用者数、人口統計、商業施設や学校の状況、将来的な開発計画など、各種データはいくらでも収集可能です。

必要な情報をきちんと集めて分析し、購入するべき物件を見極めることができれば、誰でも「レバレッジの巨人」の仲間入りができるのです。

資産家への
ファストパス

資産を雪だるま式に増やしていく。

第2章

潜在能力を
活用すれば
誰でも成功できる

The magic of real estate IQ

お金持ちになる方法は3つしかない

資産を1億円以上持つ「お金持ち」は、日本人全体の約1％しかいません。

野村総合研究所が2021年に調査したところによると、資産1億円以上5億円未満の「富裕層」は139・5万世帯、資産5億円以上の「超富裕層」は9万世帯で、あわせると約149万世帯が日本におけるお金持ちとなります。

2019年から2021年にかけて、彼らの純金融資産保有額は増加しており、お金持ちがさらにお金持ちになる状況が続いています。格差は広がる一方です。

私が考える、お金持ちになる方法は、以下の3つしかありません。

第1の方法は、特殊能力を身につけることです。

医者や弁護士・芸能人など、特殊な能力を身につけた人は才能によって大きくお金を稼ぐことができます。

第2の方法は、起業することです。

ベンチャー企業を立ち上げた若手の経営者が、上場によって瞬く間に億万長者へと登りつめることがあります。ZOZOTOWN創業者である前澤友作氏の保有資産額は、2020年のフォーブス長者番づけによると20億ドル（2134億円）でした。

第3の方法は、投資家になることです。

資産を運用して、お金をどんどん増やせる人は、自分で働かなくてもお金持ちの仲間入りを果たせます。

3つの方法のうち、最も簡単なのは不動産投資家になることです。特殊能力を身につけなくても、起業しなくても、大きな資産をつくれるのが不動産投資のメリットです。

勘違いしないでいただきたいのは、「不動産関係の仕事をすれば必ずお金持ちになれる」というわけではないことです。

不動産の賃貸管理業や仲介業をしている不動産業者（プレイヤー）はたくさんいますが、9割以上はお金持ちではありません。不動産会社に入っても、宅建士などの資格を取っても、資産は増えていきません。

たとえば、「お金持ち」をガンプラのような「プラモデル」だと考えてみてください。プラモデルに必要なのは、いくつもの「部品」です。

部品が組み合わさることで、最終的に製品として完成します。

不動産業に就職することや不動産関連の資格を取ることは、たしかに部品の一つにはなるかもしれません。

けれど、同じ部品をいくら集めても、プラモデルは完成しないのです。

むしろ、不動産IQを高めつつ、実際に不動産投資をはじめるほうが、はるかにうまくいきます。

お金持ちというプラモデルをつくるために、重要な部品は何なのかを、見誤らないようにしましょう。

資産家へのファストパス

不動産投資家になる。

誰でも自分の能力を10倍にアップできる

The magic of real estate IQ

映画『LUCY』をご存知でしょうか?

スカーレット・ヨハンソンが演じる主人公は、事件をきっかけに普段10%しか使えていない脳が覚醒。20%、30%と能力を解放するにしたがって、多言語がわかったり、電波が目に見えたり、超人的な能力を発揮していきます。

脳が100%覚醒したとき、彼女はどのような能力を発揮するのか……。という、最後のどんでん返しが見どころのアクション映画です。

『LUCY』の能力覚醒は映画の中だけの話ではありません。

現実でも、あなたの中には今の10倍の能力が眠っているのです。

人間の意識には「顕在意識」と「潜在意識」があり、実際に使えているのは全体のわずか1割ほどしかありません。

朝起きて食事をしたり、会社に出かけて働いたり、通常の生活を送っているときに働いているのが顕在意識です。

私たちが普通に暮らしている間、潜在意識はほとんど使われていません。

本来は、潜在意識があなたの能力の9割を占めているのです。

私は潜在意識を「潜ちゃん」と名づけています。

潜ちゃんを解放することができれば、自らの能力を開花させることができます。


お金持ちになれる人は、「願望環境」を設定しています。

願望環境の設定とは、自分がどうなりたいのかを明確に意識すること。

なりたい自分をイメージできれば、未来は思い通りに引き寄せられます。

ゴールを明確に捉えられるかどうか、夢の解像度を上げられるかどうかで、成功者になれるかどうかが決まるのです。

より多くの資産を得ることができますし、豊かな時間を手に入れることも可能となるのです。

資産家へのファストパス

「願望環境」を設定して、未来を引き寄せる。

お金持ちになるためのマニュアルがある

The magic of real estate IQ

ストレスだらけの日本人に、今、ブームなのがサウナ＝「サ活」です。

『日本サウナ・温冷浴総合研究所』の発表（2021年）によると、2500万～2900万人の愛好家がいるそうです。

「心身がととのう」サウナのすごい効果が科学的に解明されています。私たちが活動しているときに優位になる「交感神経」と、休憩時に優位になる「副交感神経」の切り替えがうまくいくようになり、血流や呼吸が改善されるのです。


同じように、あなたの「潜在意識を整える」方法があります。

1日の生活の中でリラックスタイムをつくってください。

あなたにとっての「ゆったりとした時間」はいつですか？

お風呂に入っている時間でしょうか？

それとも、ベッドに入っているときでしょうか？

あるいは、瞑想をしているときでしょうか?

どんなときでも構いません。あなたにとっての「リラックスタイム」が、顕在意識と潜在意識の交わる瞬間なのです。私のリラックスタイムは、風呂上がりに涼みながらワインを飲んでいるときです。

そのときにやっていただきたいのが、「上書き」です。

過去に失敗した自分を思い出し、「私はどうして失敗したのか?」「どんな回避パターンがあったのか?」を自分との対話を通じて考えてみるのです。

何度もシミュレーションしながら、二度と失敗しないための思考や行動がわかれば、あなたは「成功者のトリセツ」を手に入れることになります。

成功者のトリセツを手に入れて未来をイメージできれば、あなたの価値もあなたの資産も倍々に増やすことができるのです。

資産家へのファストパス

「成功者のトリセツ」を手に入れる。

The magic of real estate IQ

夢を叶えるために傾向と対策を練る

大学受験をする上での必須アイテムが、大学入試の過去問題集「赤本」です。「赤本を制するものが受験を制す」という言葉もあるように、大学入試を突破するには、まず志望校のことを知らなければなりません。過去に出題された問題の傾向を分析すれば、試験で何が問われるのかが見極められます。その結果、「志望校合格」という未来が手に入ります。

不動産投資も同じです。**あなたが成功する秘訣は、「人生の赤本」に書かれています。**試しに、10年後の未来を想像してみてください。どこに住んで、どんな家族に囲まれ、どんな仕事をしているのか？

10年後の自分をリアルに思い描くことができれば、夢を達成するためには、今、何が必要なのかを「逆算」することが可能なのです。

本書の執筆時点で私は47歳です。10年後には57歳になっています。

私が思い描いているのは、このような未来です。

・「億り人」を1000人つくり、多くの人の夢を叶えている。
・歌手になり、満員の東京ドームで気持ちよく歌っている。
・SNSで1000万人のフォロワーがいる。
・北海道にある庭のブドウ畑でつくった美味しいワインを楽しんでいる。
・子どもたちが立派に成長して家族をつくり、かわいい孫に囲まれている。
・自宅のイベント会場に毎年たくさんの友人を招いて、バーベキューを楽しみながら交流している。

それぞれの未来に向けて、どのような傾向と対策が必要か把握しています。
現実を直視すれば未来への道が見つかり、おのずと達成方法もわかるのです。

資産家へのファストパス

「人生の赤本」を何度も読む。

「アイドルタイム」と「ピークタイム」を明確にする

The magic of real estate IQ

未来は、今、決断することによってつくられます。どちらに転ぶのかは、あなたの決断にかかっています。

米メジャーリーグで活躍する大谷翔平選手は、高校3年生（18歳）のときに、ノートに「27歳でWBC（ワールド・ベースボール・クラシック）に出てMVP（最優秀選手）を取る」と書いたそうです。

2023年3月21日、WBC決勝で、日本はアメリカを破って3度目の優勝を果たします。投手として、打者として大活躍した大谷選手は、見事MVPに輝きました。

優勝時の大谷選手は28歳、思い描いた未来を実現できたのです。

「大谷選手のような超一流だから夢は実現できる。自分なんて無理」

と諦めないでください。あなたが何を決断し、どんな行動を選択するかによって、未来は大きく変わります。

一番良くないのは、決断を先延ばしにしている人です。

一生お金持ちになれないまま、今と同じような暮らしを続けることになります。

本当に変わりたいのなら、自分を変えるための決断をしましょう。

変われるかどうかのヒントは、あなたの「本心」にあります。

本心とは、腹の底から自分が思っていること。

自分と深く対話した経験がない人は決断することができません。

自分と対話すれば、何をしたいか、何をすべきかが見えてきます。

鏡を見るように自分との対話を深めていけば、本心も見えてくるでしょう。

大切なのは、本心を見極めた上で、時間の使い方を変えることです。

時間の使い方には「アイドルタイム」と「ピークタイム」があります。

アイドルタイムとは、夢の実現に必要のない無駄な時間です。

ピークタイムは、夢を実現するために必要な時間です。


あなたが費やすべきなのは、アイドルタイムではなくピークタイムです。

私の場合、より大きな規模で歌手活動を展開したいと考えているので、グラミー賞受賞者や東京ドームで歌ったことがある人と過ごす時間がピークタイムになります。

しかし、スケール感の小さい歌手活動はアイドルタイムとなり、人生の寄り道になります。


自分が費やす時間をアイドルタイムとピークタイムに分けて考えると、夢の実現はどんどん現実味を帯びてくるのです。


過去の私は、経営者として、社員を１００人以上抱えていました。

当時は人事や組織、規模拡大のための売上や上場の勉強ばかりしていました。

逆に、会社をさらに大きくしたい経営者にとっては、経営の勉強がピークタイムになります。人によって描く未来が異なるため、アイドルタイムとピークタイムが異なるのは当然です。未来の自分に必要なことを見極めましょう。

もしあなたが不動産投資で成功し、お金持ちになりたいのなら、不動産のことを徹底的に勉強する必要があります。

不動産会社に就職して仕事のやり方を学ぶのではなく、資格の勉強をするのでもなく、不動産ＩＱを高めることがその近道です。

あなたは心の底からお金持ちになりたいと思っていますか？

資産家になるためのピークタイムを意識していますか？

アイドルタイムとピークタイムを見極めれば、あなたの夢は必ず実現できます。

資産家へのファストパス

夢を叶えるピークタイムに時間を使う。

「貧乏列車」の片道切符には目的地が書いてない

The magic of real estate IQ

あなたは、今の仕事をどのように選びましたか？

「なんとなく」で仕事を選んでいたとしたら、あなたが乗っているのは貧乏列車かもしれません。

このままでは、あなたは貧乏列車に乗ったまま一生を終えることになるでしょう。本当にそれでいいと思いますか？

答えが「ノー」なら、現状を変えていく必要があります。

多くの人は、高校や大学を卒業してから就職します。

金持ち列車に乗れない理由は、「なんとなく」で仕事を選んだこと。

就職する際に選択した意識を変えようとしていないのです。

就職の動機は、どれも似通っています。

「仕事に興味があるから」

「地元で働けるから」

「人の役に立てるから」

「待遇がいいから」


当時の感情に罪はありません。けれど、今の仕事で100%満足しているかどうか、自分の心に聞いてみてください。

特に注意したい感情が「やりがい」です。

やりがいは時には負債となり、「人生時給」を下げてしまいます。

本心にフタをしたままの感情や意識で仕事をし続けていれば、絶対にお金持ちにはなることはできません。

歳を取ってから「老後資金が足りない！」と後悔するだけです。

足りたとしても、長い人生、自分やパートナーが重い病気になるリスクは常にあります。


収入や資産に目を向けないまま30代、40代、50代と歳を重ねていき、買いたいものも買えずに我慢する日々が続く……。あなたはそんな人生で満足していますか？　年金をもらうときにその金額の少なさにびっくりし、はじめて「自分はずっと貧乏列車に乗ってきたんだ！」と自覚することになります。

変わるなら、今しかありません。「貧乏列車」から「金持ち列車」に乗り換えるタイミングは、本書を手に取ったこの瞬間です。

不動産ＩＱを高めて、投資で成功する未来をつかみ取れるかどうかは、あなたの選択にかかっています。

過去の感情や意識に縛られたままでいるのはやめましょう。

「なんとなく」で仕事を選ぶのではなく、「必ず」「きっと」と、願望を実現するための行動を、今から実行してください。

資産家へのファストパス

「やりがい」は負債になることもある。

The magic of real estate IQ

低賃金の職業でも生涯年収は伸ばせる

「底辺の仕事ランキング」をご存知でしょうか?

かつて『就活の教科書』というサイトで掲載され、瞬く間に炎上し、広く物議を醸した記事のことです。

そこに掲載されていた「底辺の仕事」は、次のような職業とされています。

1. 土木・建設作業員
2. 警備スタッフ
3. 工場作業員
4. 倉庫作業員
5. コンビニ店員
6. 清掃スタッフ
7. トラック運転手

8. ゴミ収集スタッフ
9. 飲食店スタッフ
10. 介護士
11. 保育士
12. コールセンタースタッフ

たしかに、ここに挙げた職業の収入は一般的に低いのですが、これらの仕事に就いている人たちがいることで社会は成り立っています。

世の中に必要な仕事であることを理解し、私は彼らに深く感謝しています。

しかし一方で、年収を上げるのが難しいのも事実です。

では、低賃金・重労働から這い上がる道は残されていないのでしょうか?

いいえ、私は、必ず新しい道はあると思っています。

会社からもらう「給料」は変えられなくても、「生涯年収」を変えることはできます。そのために、今から人生のキャリアを再形成すればいいのです。

事実、私にも年収200万円の時代がありました。

けれど、慌てて投資に手を出すということはしませんでした。

地道に勉強し、訓練し、行動していったのです。

努力することで、一歩ずつ着実に資産を築き上げていきました。


今の仕事は無駄になりません。今の努力は無駄になりません。自分を否定せず、冷静に状況を把握しながら、「金持ち列車」に乗り換えていけばいいのです。

「今より生活が苦しくなったらどうしよう……」と乗り換えるのを怖がらず、勇気を持って「金持ち列車」に飛び乗ってください。

他人が「乗れ」と言うから行動するのではなく、ぜひ自分の意思で乗ってください。あなたが「貧乏列車」を降りた場所が、「人生の乗換駅」なのです。

資産家への
ファストパス

生涯年収の決定権は自分にある。

「生涯賃金」ではなく、「生涯年収」を増やす

The magic of real estate IQ

「8万4480時間」。この数字が何だかわかりますか?

実は、大学を卒業した人が定年まで働いた場合の総労働時間です。

新卒の22歳から65歳までの44年間をもとに算出しています。

生涯年収を2億円だとした場合、時給に換算すると2367円になります。

日本の最低賃金の全国平均は1004円です。会社員なら2倍以上稼いでいると安心したあなた、その考え方では一生お金持ちにはなれません。


目先の時給ではなく、長期的なスパンで人生全体を俯瞰してください。

大局を見ることができれば、いずれ頭打ちになる賃金ではなく、投資によってお金がお金を生む状況に意識が向きます。

私の行っている不動産投資セミナーの受講生の多くは、6年ほどで3000万円以上の資産を手に入れました。6年で3000万円稼いだということは、毎年

500万円以上貯金しているのと同じことです。

年間500万円の貯金をするとなると、年収1000万円あっても厳しいでしょう。国税庁によると、年収1000万円以上の人は4・9%しかいません。

年収は決して高くない人でも、不動産投資を続けることで生涯年収はどんどん増えていくのです。

「不労所得」とは、自分で働いてお金を稼ぐのではなく、不動産など資産を所有することで得られるお金のことです。

働かずにお金を増やせるのが、不動産投資の強みです。

まずは、チャンスに手を伸ばしていくことが大事です。

物件も、借りやすいローンも、交渉の仕方も、常にアンテナを張り巡らせておくことによって情報が手に入ります。不動産ＩＱが高い人なら可能なのです。

資産家へのファストパス

労働所得ではなく、不労所得を得る。

チャンスは貯金できない

The magic of real estate IQ

「チャンスは貯金できない」。これは、住友銀行（現三井住友銀行）やアサヒビールの社長・会長を歴任した樋口廣太郎《ひろたろう》さんの言葉です。

樋口さんは、アサヒビールの再建を成功させた人物として広く知られています。当時のアサヒビールは、ライバル会社に押されて窮地に追い込まれていました。

業績は低迷し、再建は不可能とすら言われていたのです。

社長に就任した樋口さんは、北海道から九州まで、全国の問屋や酒屋を訪ねました。さらに、ライバルであるキリンビールやサッポロビールのトップを訪問するなど、精力的に活動を続けます。

真摯《しんし》に耳を傾け、自社の欠点を理解したことで会社の再建につなげました。

「前例がないからこそやる！」という精神のもと、同社は１９８７年に『アサヒスーパードライ』を発売し、現代まで繁栄し続けています。

チャンスは貯金できないからこそ、そのたびにつかむ努力をしなければなりません。過去の成功体験にすがるのではなく、**常にチャンスを追い求めていく姿勢が、あなたを本物の成功者に変えていきます**。

では、チャンスはどこにあるのでしょうか？

目の前を見るのではなく、世の中全体を俯瞰してみてください。

効率的にお金を得ている人は投資をしていることも理解できるでしょう。

中でも不動産投資の優位性は疑うべくもありません。

不動産投資の成功には不動産ＩＱの向上が不可欠です。

不動産ＩＱを高めることは、「チャンスに敏感になる」ことでもあります。

たとえば、良質なコミュニティに参加すれば、より良い条件で優良な不動産を購入するチャンスが広がります。

良質なコミュニティとは、きちんと不動産投資で実績を挙げている人たちがいるコミュニティのこと。成功者が所属していないコミュニティに参加しても、何かを売りつけられたり、間違った情報を与えられたりするだけです。

それでは、いつまで経ってもお金持ちにはなれません。

良質なコミュニティを見極めるヒントは「大金波動」です。

大金波動とは、1億円以上の資産を持つ富裕層がもたらす、目に見えないエネルギーのことです。本物のお金持ちが所属しているコミュニティには、お金のエネルギーがあります。

一方で、目先の小銭ばかりを意識している人たちがいるコミュニティには、大金波動がありません。つまり、そこにチャンスはないのです。

お金持ちになるチャンスに巡り合うには、良質なコミュニティに参加すること。

そこで、良い先生と良い友に出会えるかどうかにかかっています。

大金波動があるかないかで、参加するコミュニティを見極めてください。

資産家へのファストパス

「大金波動」のあるコミュニティに参加する。

第3章

幸せになりたいなら「不動産IQ」を高めなさい

投資家になればストレスや悩みを手放せる

不動産のチラシを見ていると、「ワンランク上」を謳《うた》ったコピーが多数あります。

ワンランク上の住まい、ワンランク上の家具、ワンランク上の生活家電……。

ワンランク上の生活は、経済的な自由によってもたらされるのです。

『マネーインサイトラボ』が17～57歳を対象に行った調査（2022年）によると、「お金の悩みがある」と答えた人は80・3％。

実に、5人中4人がお金の悩みを抱えていることになります。

私もサラリーマン時代にお金で悩んでいました。会社勤めをしている方の大変さは身に沁みてわかります。

嫌な上司と一緒に仕事をしなければならなかったり、思ったように休みが取れなかったり、朝も夜も満員の電車に揺られていました。

アフターファイブや休日も、不満を抱えたままでした。

それほどの思いをしていても、お金の悩みはつきません。

大切なのは、あなたの現在の状況を大きく変えることです。


不動産投資をはじめて資産が大きく膨らむと、人生が変わります。

これまで我慢してきたストレスや悩みが、すべて解消されるのです。

家賃収入を得ながら自由な時間を獲得し、場合によっては「FIRE（経済的自立と早期リタイア）」することもできるでしょう。

嫌な人との縁も切ることができます。

好きな人や家族とだけ一緒の時間を過ごすことができるのも、不動産投資のチカラです。


そのためにやるべきことは、資産家になるための必修科目である不動産について勉強することです。特に、本を読むことをお勧めします。それも1冊や2冊ではなく、50冊、100冊と読むと、かなり知識は身につくでしょう。

不動産IQが十分身についてから、投資セミナーには参加してください。

あなたと同じような投資家のタマゴがたくさんいますから、彼らと情報交換することも大事です。

学ぶのは短期ではなく長期で。それこそ10年、20年先の自分が豊かなポジションにいられることをイメージしてください。

不動産IQを高めた人は悠々自適な生活をしています。

小さな労力で大きなリターンを得られるようになります。投資の世界の言葉で言うと、「ノーリスク・ハイリターン」の状態になるわけです。

労力も時間もかけずに資産が膨らんでいくのも不動産投資の魅力です。

あなたにとってのワンランク上の生活を実現するために、今すぐストレスや悩みを手放しましょう。

資産家へのファストパス

ワンランク上の生活をイメージする。

なぜ不動産投資が「ベストオブベスト」なのか？

The magic of real estate IQ

数ある投資の中で唯一、「他人のお金」を利用できる投資が不動産投資です。

投資にはさまざまな種類があり、「株式投資」「FX（外国為替証拠金取引）」「ETF（上場投資信託）」「暗号資産（仮想通貨）」「金（ゴールド）」などが代表的ですが、いずれも金融機関はお金を貸してくれません。

株には「信用取引」がありますが、レバレッジの幅が限られ、「他人のお金を使う（金融機関からお金を借りて行う）」ほどのインパクトはありません。

では、なぜ不動産投資にはお金を貸してくれるのでしょうか？

それは、不動産には「担保価値」「流動性」「換金性」があるためです。

【担保価値】……売却したときに一定の対価が見込めること。

【流動性】……市場で交換（売買）しやすいこと。

【換金性】……お金に換えられること。

銀行はお金を貸すのが仕事ですが、返ってくる保証がなければ融資しません。不動産のように、担保になるものがなければ高額の融資はできないのです。ちなみに、銀行がお金を貸してくれるのは「日本国内の不動産」だけです。

他人のお金を使えるということは、レバレッジが効くということ。レバレッジを効かせることで大きな資産を得ることができます。

ウェブメディア『東洋経済オンライン』の調査（２０２３年）によると、帳簿に載らない「含み益」を抱えている企業のトップ３は、三菱地所、住友不動産、三井不動産です。３社の含み益はトータルで11兆円を超えています。大きなお金を生んでいる不動産は、投資の必修科目と言えます。

資産家へのファストパス

不動産を投資の必修科目として学ぶ。

The magic of real estate IQ

大金が入っても慢心しない

日露戦争のとき、日本海海戦で完全勝利した東郷平八郎は「勝って兜の緒を締めよ」と言いましたが、元々は、戦国時代に関東を治めていた北条氏の末裔、北条氏綱《うじつな》の戒めの言葉が発祥です。

不動産投資に関して言うと、「本当の自分を知ることの大切さ」です。大切なのは、自分の現状を素直に知ることです。客観的な視点があるかどうかによって、不動産投資に成功できるかどうかも変わってきます。

「不動産投資をはじめたいのですが、何からはじめればいいですか?」という質問に対し、私は「まず、自分の現状を知ってください」と回答しています。

初心者の方は残念ながら、まだ不動産IQが低く、貯金もあまりなく、年収もそれほど多くないはずです。**謙虚に自分を見つめることからはじめましょう**。

たとえば、オリンピック選手は、サッカーでもバスケでも、「自分より上手な人がたくさんいる」と常に謙虚に学ぶ姿勢を持っています。

その気づきがさらなる努力へとつながり、成長していくことができます。

不動産投資も同じです。何千万円の利益が出たとしても、上を見れば何十億円を手にしているお金持ちがたくさんいます。

日本の成金と呼ばれる人たちは、スーパーカーを買ったり、豪華クルーザーを所有してちやほやされていますが、海外の本当のお金持ちは、古いお城に住んでいたり、人口1000人くらいの島を丸々持っていたりします。

本当のお金持ちは、資産を増やせば増やすほど「上には上がいる」ことを知っているので、誰に対しても謙虚な姿勢で接しています。

自分の矮小さを自覚し、より大きな世界があることがわかると、おのずと不動産投資家としてやるべき次の一手も見えてくるでしょう。

資産家へのファストパス

謙虚に自分を見つめる。

The magic of real estate IQ

不動産投資をはじめるのに年齢制限はない

アメリカのカリフォルニア大学とドイツのマックス・プランク研究所が行った調査によると、日本で2007年に生まれた子どもの「寿命中位数」は、107歳とされています。

寿命中位数は、0歳や1歳で亡くなる人がいるために数値が下がる「平均寿命」よりも、「人は何歳まで生きるか」を実感に近い数値として表しています。

具体的には、2007年に日本で生まれた子どもの半数（50％）が、107歳より長く生きると推計されているのです。

人生が100年以上となると、50歳でも、60歳でも、チャレンジできます。

不動産投資も、何歳からはじめても遅すぎることはないのです。

金融機関のローンも、完済年齢が「84歳」に設定されているところがあります。70歳からはじめても10年以上の猶予があるのです。

80歳の人が不動産投資をはじめる場合も、望む成果を挙げられます。

目先のお金が欲しいのであれば、手持ちの現金を使って高く転売できそうな物件を購入してください。子どもや孫に財産を残したいのならば、一緒に法人をつくり、資産形成を進めるのも良いでしょう。

「不動産投資によって何をしたいのか？」という目的を明らかにしておけば、何歳から不動産投資をはじめても問題はありません。

高齢者と真逆の、子どもでも資産運用はできます。

私の子どもは小学生や中学生で不動産のオーナーになっています。

若いうちから投資をはじめると、経済の勉強になります。

売買契約の締結は未成年者が単独で行うことはできませんが、登記申請行為は未成年者でも行うことができるので問題ありません。

融資を受ける場合は、銀行が無理でも身内からお金を借りる方法があります。

私が20代の若い世代に伝えているのは、「おじいちゃんやおばあちゃんにお金を借りてください」ということです。

そのためにも、「できるだけ会って、笑顔を見せておく」必要があります。

最終的に私が勧めているのは、個人だけでなく、家族や一族全体として資産を形成していく方法です。

私自身、弟や母に不動産投資を教えて、実践させ、結果を出しています。子どもや孫の世代まで不動産投資を継続できれば、100年単位の長期的な資産形成も可能になるでしょう。これは、財閥系の企業が行っている方法です。規模は異なっていても、不動産を活用し、一族全体で資産を大きくしていく発想は根本的に変わりません。

長期的視野を持つことによって、大きな資産形成ができるのです。

資産家へのファストパス

高齢者でも子どもでもお金は増やせる。

知っておきたい不動産市場の基本用語

The magic of real estate IQ

「知恵への投資こそ、最も利回りが高い」

アメリカの独立に大きな貢献をした政治家、ベンジャミン・フランクリンの言葉です。まさに、あらゆることに共通する箴言《しんげん》と言えるでしょう。

成功者は知識や情報から形成される知恵に莫大な投資をしています。

初心者の方は、まずは投資の基本用語をマスターしておいてください。

インカムゲイン

所有している不動産から得られる「運用益」のことです。

年間の家賃収入から諸経費（税金含む）を差し引いたものが、年間のインカムゲインになります。

インカムゲインが大きくなるほど、投資した資金（自己資金）の回収年数も短くなるのが特徴です。

キャピタルゲイン

購入した物件を売却した際に得られる「売却益」のことです。

不動産は所有している間に価格が変動するため、価値が高まればキャピタルゲインも多くなります。当然、価値が下がればキャピタルゲインは少なくなるため、物件価値の見極めが重要です。

キャッシュフロー

「現金の流れ」を意味する言葉です。

不動産投資の場合、物件を購入して資産状況が良くなっていても、手元にある現金が少ないために支払いが苦しくなるケースがあります。

資産状況や利回りだけを見るのではなく、毎月の現金がどのように推移するのかを見ておくことが大切です。

自己資金の回収年数

毎月の家賃収入から諸経費を差し引いた残りが大きいほど、自己資金の回収年数は短くなります。

インカムゲインを計算し、自己資金を何年で回収できるのかを計算できるようにしておきましょう。一般的な目安は「5～10年」です。

表面利回り（グロス利回り）

年間の家賃収入を投資額（物件購入価格）で割ったものが「表面利回り」です。グロス利回りともいいます。

「年間家賃収入÷物件購入価格×100％」で求められます。

簡単に計算できる一方、諸経費等が考慮されていないため、物件の収益性を厳密に見極めることができない点に注意が必要です。

実質利回り（ネット利回り）

管理費や税金等の諸経費（支出）を加味したのが「実質利回り」です。ネット利回りともいいます。

「（年間家賃収入－年間経費）÷物件購入価格×100％」で求められます。

表面利回りより計算は難しくなりますが、より正確な物件の収益性をチェックすることができます。

これらはあくまでも基本的な用語の数例です。

大事なのは、用語の意味を覚えるだけでなく、きちんと自分で計算できるようにしておくこと。誰かに計算してもらうのではなく、自分で電卓を叩いて計算するのがポイントです。

不動産投資の要点は「信じるな、疑え、確認しろ」にあります。

自分で勉強し、自分で計算できるようになる人が不動産投資で成功できます。

それが、不動産ＩＱを高めるための本質です。

時間や労力をきちんとかけることも、「知恵への投資」と言えるでしょう。

資産家へのファストパス

「知恵への投資」を怠らない。

投資の「センターピン」を狙う

ボウリングで一気にすべてのピンが倒れるストライクをとりたいとき、一番手前にある「センターピン」付近を狙うのが王道ですよね。センターピンの近くにある「ポケット」にボールが入ると、ストライクを狙いやすくなります。

それがボウリングで高得点を出すためのテクニックです。

そこから転じて、物事全体に大きな影響を与える要素＝本質のことを「センターピン」と表現します。不動産投資の投資対象にはさまざまなものがありますが、センターピンを押さえているかどうかで成果は変わってきます。

戸建て、マンション、アパート、商業ビル、リゾートホテル、店舗、パーキング、コインランドリー、山林、農地……。戸建ての中にも木造や鉄骨鉄筋などの種類があり、それぞれ細分化されています。

重要なのは、どれが不動産投資におけるセンターピンなのか、対象を見極めて投資することです。

まず、絞るべきは「エリア」です。

不動産には「用途地域」というものがあります。これは都市計画法に基づく制度で、土地の用途に応じて建物の種類や大きさなどを制限するものです。

たとえば、商業施設や工場を建てられるエリアとそうでないエリア、巨大な建物を建てられるエリアとそうでないエリアがあります。

こうした違いを踏まえて、**投資先として狙うべきは、ズバリ「商業地」です。**

商業地は容積率（建物の延べ床面積の敷地面積に対する割合）が大きく、ビルなども建てられるのが特徴です。

同じ土地に建てるのでも、小さなマンションより巨大な高層ビルのほうが入居者も多くなりますし、家賃収入も多く得られます。

当然、物件の価値も高くなります。

以上が、不動産投資におけるセンターピンを商業地だと断言する理由です。

日本の不動産の家賃や価格を押し上げてきたのは、すべて商業地です。

商業地は、「国力」であり「国富」と言えます。
日本の国土を高めているのは商業地と言っても過言ではありません。
三井・三菱・住友の財閥系企業も、商業地に建てたビルで巨大な含み益を得ています。

商業地は街の中心です。最近では都市部でも「コンパクトシティ」化が進んできています。商業地は利便性も高く、入居者の獲得、家賃の高さ、物件価値など、さまざまな点で投資先として最適です。
まずは、不動産投資のセンターピンが商業地であることを理解し、効率的に資産を増やしていきましょう。

資産家へのファストパス

商業地に投資する。

The magic of real estate IQ

セミナー参加は不動産IQを高めてから

２０１３年に刊行された『嫌われる勇気』（ダイヤモンド社）シリーズは、ビジネス書としては異例の世界累計１０００万部を突破しています。

アドラー心理学がテーマの哲学書ですが、人が避けたいと思う行為（嫌われること）の逆張りを推奨している、印象的なタイトルと内容が魅力です。

本書で言えば、まずは不動産を「買わないこと」を推奨しています。

不動産投資本の大半は、「どの物件を買うか？」「いくらで買うか？」「どのように運用するか？」ということばかり伝えようとしていますが、それよりも不動産ＩＱを高めることが１００倍重要です。

不動産ＩＱを高めるために、セミナーへ参加しようと考える人は多いと思いますが、これには注意が必要です。

セミナーには、無料のものが多くあります。なぜ有益な情報を提供してくれるにもかかわらず、無料のセミナーが存在するのかご存知ですか？

セミナーを開催するには、会場の手配や資料の準備、集客のための宣伝費、スタッフの配置など、多くのお金や手間がかかります。

それだけの投資をしてまで無料セミナーを開催する理由は単純です。

「人を集めて何かを売りたいから」です。

会場で何らかの商品やサービスを売って費用を回収できるからこそ、無料セミナーは存在しています。不動産投資は慈善事業ではありません。

ビジネスである以上、そうした仕組みがあることを理解しておきましょう。

「勉強のために行くのだから、利用できるものは利用したほうがいいのでは？」と考える人もいるかもしれません。しかし、不動産ＩＱが低ければ低いほど、購入を勧められたときに「買わない」という選択をするのは難しくなります。

相手におだてられたり、親切にアドバイスされたり、優しく背中を押されたりすると、ほとんどの人は買ってしまいます。

「買わない勇気」を持つことは、非常に難しいのです。

不動産ＩＱが低いまま無料セミナーに参加するのは、主催者からすると「鴨が葱を背負って来る」ようなものです。タダより高いものはありません。

無料セミナーに参加する前にやっておくべきことはたくさんあります。本を読んだり、YouTubeで勉強したり、ポータルサイトを閲覧したり、物件を見に行ったり。電卓で利率計算ができるようになることもそうです。

不動産投資の免疫力がついていないうちは、安易に無料セミナーには行かないよう注意してください。

やがて、不動産ＩＱが高くなったあなたは、「買わない勇気」を備えます。

そうなれば、どんなセミナーに行っても、カモにされることはないでしょう。

資産家への
ファストパス

自学自習で不動産ＩＱを高める。

第4章

あなたを窮地から救う「不動産ＩＱ」

The magic of real estate IQ

「誰にも相談しないで即決」は危険

悪徳不動産営業マンを見抜く方法は簡単です。

こんな営業トークが出たら要注意です。

「この物件は、絶対、値上がりしますよ」

「もし、現金が必要になってもすぐに売れます」

「早く決めないと、他の人に買われてしまいますよ」


私も不動産を売っていた経験があるのでわかるのですが、営業マンは「せかす」「即決させる」「値上がりをチラつかせる」「気分をよくさせる」、これらのことを考えています。判断力を鈍らせて、契約を取ろうとするのです。

（もちろん、お客さんのために誠実に優良物件をマッチングさせようとする営業マンもたくさんいます）

もし、強引に営業されたときは、こんな質問をしましょう。

「この物件は、あなたの親にも勧められますか？」

少しでも言葉に詰まったら、それはお客さんにとっての「良い物件」ではなく、営業マンにとっての「都合の良い物件」なのかもしれません。

中には、「現場を見せようとしない」悪質な営業マンもいますから注意が必要です。「必ず、自分の足で現場を見に行く」「周りの不動産物件の値段と比較する」などの行動と調査が必要です。


初心者のうちは、自分だけで判断してしまうと危険が伴います。

不動産ＩＱが低い状態では、広告の宣伝文句や営業マンのセールストークに惑わされてしまい、冷静な判断ができません。

営業マンの計算された言動に対し、素人は回避するすべがありません。

「自分は大丈夫」と思っている人ほど、ろくでもない物件をつかまされます。

「信頼できる人に相談すること」を肝に銘じて、冷静な目で物件を精査できるようになりましょう。

もし私が物件の購入を相談されたなら、「本当に収入が見込める物件なのか?」「将来的な資産価値はどうか?」といった現状を把握します。

最終的な意思決定をする際には、利潤を正確に計算することが求められます。

物件の価値を計算するには、「金融電卓」を使いこなす必要があります。

金融電卓は通常の電卓とは異なり、ローン計算や預金計算など、不動産投資に必要な計算ができるように工夫されています。使い方は簡単です。

金融電卓を用いて自分で細かく計算できるようになってください。

不動産投資を含むあらゆる投資においては数字が命であり、営業マンの言う根拠のない数字を鵜呑みにする人は結果を出すことができません。

資産家への
ファストパス

購入は専門家に相談して決める。

The magic of real estate IQ

絶対に買ってはいけない「負動産」

トランプのババ抜きのように、「価値のない不動産物件」＝「負動産」を他人に押しつけることが横行しています。

特に初心者は、「負動産」を押しつけられやすいので注意が必要です。

危ないのは、誰かの紹介で購入する場合です。

よくある例としては、会社の上司や先輩から「いい物件があるんだけど買わないか？」と誘われて、断りきれずに購入してしまうことです。

断ると昇進や昇格に響いたり、仕事がしにくくなったりする可能性があるため、購入してしまうパターンが多いようです。

紹介者から購入する物件が必ずしも「負動産」とは限りませんが、少なくとも金額的には割高になります。

その理由は、キックバック（紹介料）にあります。

あなたに物件を紹介した上司や先輩は、購入金額の5％前後をキックバックとして受け取ります。キックバックが発生するということは、不動産業者はあらかじめ販売価格に上乗せしているはずです。

つまり、適正価格より高く買わされているのです。


それでは、不動産物件を知り合いから紹介されたときに、どのように対応すれば良いのでしょうか？

上司や先輩から不動産を紹介されたときは、きっぱりと断ることが肝心です。

曖昧な返事をしたり、中途半端に言葉を濁したりすると相手は期待します。

「こいつは落ちる」と思われたら、相手は諦めないので、後から断るのも一苦労です。だから最初からハッキリと断ることが大切であり、反論も論理的に行えるように訓練しておく必要があります。

「ありがたいお話ですが、貯金がないので遠慮させていただきます」

「以前にも家族に反対されたので、今回は縁がなかったと思ってください」

不動産ＩＱが低いと資産性の低い物件を買わされることになり、残るのは借金だけです。

どれだけ魅力的な物件を提示されても興味を持たないこと。

どれだけ強引に誘われてもモデルルームに行かないこと。

特に、フルローンには要注意です。一生借金を抱えるハメになります。

とにかく、つけ入る隙をつくらないことが大事なのです。

「ちょっと見るだけならいいかな」「後で断ればいいか」と甘い気持ちで誘いに乗る人もいますが、絶対にやめましょう。

「遠慮や善意によって、自分が身を滅ぼすこともある」と肝に銘じておけば、毅然とした態度で断れるはずです。

資産家へのファストパス

先輩や上司の紹介案件には耳を貸さない。

不動産投資には特別なメンターが必要

ピントを合わせないまま写真を撮影すると、対象はハッキリ写りません。全体がボヤけて、何が写っているのかわからなくなります。不動産の世界でも「ピンボケ」しているのに、気がついていない人が少なからずいるのです。

たとえば、あなたが不動産投資で成功したいと思ったら、どのような人からアドバイスを得ようとするでしょうか？

当然、不動産投資で結果を出している人ですよね？

結果を出している人は、その人なりの勝ちパターンを持っています。

勝ちパターンには、成功の秘訣がたくさん詰まっています。

ただし、勝ちパターンは、物件の種類（アパート、マンション、戸建て、新築、中古など）やエリア（関東、関西、首都圏、地方など）によって異なります。

すべての人に当てはまるわけではありません。

相手が結果を出していても、あなたもそうなるとは限らないのです。

たとえば、関西圏で新築戸建ての投資をはじめようとしている人が、関東圏の中古マンションの投資で成功している人に話を聞いても、あまり参考にならないでしょう。これがまさに「ピンボケ」している状態です。

重要なのは、あなたに合った「キャリアメンター」を見つけることです。

「キャリア」とは、あなたが目指している成功の種類のこと。

「キャリアメンター」とは、キャリアに合致している成功者のことです。

「キャリアメンター」に出会うには、まずはあなた自身のキャリアを細分化しなければなりません。細かくキャリアを分類することによって、どのようなマインドセットをすればいいのか、いかに行動すればいいのかが明確になります。

一方で、細かくキャリアを分類できたとしても、あなたにピッタリの「キャリアメンター」からアドバイスをもらわなければ、「ピンボケ」を起こしてしまいます。

「キャリアメンター」をしっかり設定していないと、どんなに良いアドバイスもあなたを悩ませるだけです。
論理と論理がぶつかってしまい、答えが出せずに余計に悩むようになります。場合によっては、せっかく定めたキャリアがブレる可能性すらあるのです。

人からアドバイスを受ける際は、まず自分が何を目指しているのか、今後のキャリアを明確にすること。その上で、自分に合った「キャリアメンター」を探しましょう。
正しい「キャリアメンター」は、あなたにとって「未来への羅針盤」です。不動産投資という大海原を航海するとき、「コンパス」の役割を果たしてくれるはずです。

資産家へのファストパス

「キャリアメンター」を見つける。

The magic of real estate IQ

不動産ポータルサイトが割高になる理由

「不動産ポータルサイト」は、実店舗を持たず、不動産情報を掲載しているウェブサイトのことです。

『SUUMO《スーモ》』『LIFULL HOME'S《ライフルホームズ》』『at home《アットホーム》』といった大手の不動産ポータルサイトには、数百万件の物件が掲載されています。

これだけ多くの物件が掲載されていると、「良い投資物件が見つかるかもしれない」と思う人もいるでしょう。

しかし、投資用物件を買う手段として、不動産ポータルサイトを使うべきではありません。

なぜなら投資用物件だけでなく、賃貸物件やマイホーム物件も掲載されているからです。

不動産投資は「より良いものを、できるだけ安く買う」ことが基本です。

不動産の価格は明確に決まっているわけではなく、合意すればどんな価格でも売買できる「相対取引」です。

たとえば、販売価格が１０００万円の物件があった場合、相手と交渉して５００万円で合意できれば、売買価格も５００万円になります。

それが不動産の面白いところであり、他の商品やサービスとは異なる点です。

ただし、不動産業者やデベロッパーが販売している居住用物件に関しては、基本的に値段が下がりません。下がったとしてもわずかでしょう。

なぜなら、彼らは諸経費や自社の利益を加味して販売価格を決定しているからです。

不動産投資をする際には、「販売価格＝売買価格」と思ってください。

一般的な不動産ポータルサイトは、売主や仲介会社として不動産業者が入っています。「より高く売りたい」不動産業者は、広告費をかけてまで物件を掲載しているのです。

つまり、「不動産ポータルサイトに掲載されている物件はすでに割高になっている」ことを意味します。相手が業者だと、まず交渉はできないでしょう。

資産性の高い物件を安く買うルートは別のところにあります。

本当に良い物件は、銀行の直接紹介や相続案件などで、不動産ポータルサイトに掲載される前に売買されているのです。


「不動産ポータルサイトを見るな」と言いたいのではありません。

勉強になることも多いです。投資に適した物件がそこにはないことを前提に、不動産ポータルサイトをチェックするようにしましょう。

私は『楽待《らくまち》』『健美家《けんびや》』『不動産投資連合隊』といった不動産投資用の物件検索サイトを活用しています。

具体的な検索方法は、次章で紹介します。

資産家へのファストパス

割高な物件を見抜く目を養う。

The magic of real estate IQ

良い営業マンの「2つ目」の条件

「舌とは、本音を隠すためのものである」

フランスの政治家で、首相も務めたタレーラン＝ペリゴールの言葉です。

人間の心理や特性を踏まえた秀逸な表現だと思います。

舌は「二枚舌」や「舌先三寸」など、あまり良くない事柄を示すために用いられるケースが多いようです。そこには、「舌（言葉）には注意が必要だ」という、先人たちの教えがあります。


これから資産運用をはじめる人は、不動産の営業マンと接する機会が増えてくると思うので、この言葉を肝に銘じてください。

ノルマに追われている営業マンは、手当たり次第に物件を勧めてきます。

成功する投資家になりたかったら、彼らの心理に敏感になってください。

「変な物件をつかまされた！」「あの営業マンが悪いんだ！」と、相手のせいにしてはいけません。真贋を見極められなかった責任は自分にあるのです。

投資家の仕事は、収益物件の数字を計算したり、買うかどうかの意思決定をしたりすることです。

良い営業マンの条件は、投資家の希望に合った優良物件を探してくれることですが、もう一つ条件があります。

それは、投資家にとっての「契約補助係」ができることです。

人柄や性格は良いに越したことはありませんが、本質ではありません。

あなたがお金持ちになるために、不動産の契約書や重要事項説明書などの必要書類の準備や手続きの補助をしてくれるのが本当に優れた営業マンです。

あなたが決断した後のサポートができる営業マンとつき合うようにしてください。

資産家へのファストパス

「契約補助係」の営業マンを見つける。

不動産投資で失敗しがちな4つのタイプ

The magic of real estate IQ

『ＭＢＴＩ』という診断テストをご存知でしょうか？

心理学者のカール・グスタフ・ユングのタイプ論に基づいたＭＢＴＩは、就職採用の場面でも使われています。

質問に答えていくと、性格の傾向や特徴から「指揮官」「主人公」「冒険家」など16タイプに分類されます。自分のタイプを把握することで、傾向と対策を打つことができる便利なツールです。


本書では、不動産投資で失敗する人の性格を４つのタイプに分類しました。

あなたはどれに当てはまるかチェックしてみてください。

1．優柔不断型

優柔不断型は、自分で決断できないタイプです。

自分の考えや行動に自信を持てず、常に他人の目を気にしています。

その結果、いつまで経っても決断力が低いままです。

優柔不断型の人は、成功者からアドバイスをもらうと良いでしょう。

成功者に背中を押してもらうことで決断力を養うことができます。

2. 傲慢型

自己中心的で人づき合いが苦手なタイプです。

不動産業界だと地主やオーナーに多く、周囲のアドバイスに聞く耳を持つことができません。

いずれはチャンスを逃し、大きな損失を出してしまうこともあるでしょう。

傲慢型の人に必要なのは、謙虚さです。

謙虚で社交性のある人とつき合うことで、自分を客観視することができます。

3. 強欲型

文字通り、欲深いタイプの人です。「もっと儲かる方法はないか?」

と常に考えているため、詐欺師の甘い罠に引っかかってしまいます。

自分だけ儲けようとしているため、誰かに相談することもありません。

たくさんお金を持っていたとしても、詐欺に引っかかってしまっては元も子もありません。

経験値の高い人をパートナーにしたり、堅実な経営者とつき合ったりするとうまくいくでしょう。

実は、私は強欲型だと認識しています。

そのため、堅実な妻のアドバイスを聞くようにしています。

4．頭でっかち型

情報を調べすぎてしまうタイプです。

特に、マクロ経済について調べる傾向があり、調べれば調べるほど怖くなって、行動できなくなります。

高学歴の人や、大企業に勤めている人に多い傾向にあります。

頭でっかち型の人は、不動産の個別情報自体がリスクだと認識することが大切です。リスクのすべてを解決しようとせず、優良物件10件のうち、一番有望な物件を選んでみるといいでしょう。

すべての不安に対処する必要はありません。

自分が取れるリスクの範囲を決めて、最初の一歩を踏み出してみましょう。


4つのタイプに共通する問題点として、「未来が見えていない」ことが挙げられます。


過去と今しか比較できていないため、判断を誤ってしまうのです。

それを克服するには、正しい知識を得て、正しい訓練を行い、正しい行動を起こすことが必要になります。

不動産投資で富を築いているメンターから成功法則を学び、不動産ＩＱを上げていきましょう。

資産家へのファストパス

自分の性格パターンを知る。

お金を吸いとる「吸血鬼コミュニティ」

吸血鬼は、狼男やフランケンシュタインの怪物とともに、世界中で広く知られている存在です。黒いスーツに身を包み、凛とした佇まいは、一見するとダンディな紳士のようです。

しかし実体は、人間の「生き血」を吸って栄養にする怪物です。生命エネルギーを奪われてしまった人間は、瞬く間にミイラになってしまいます。

もちろん、吸血鬼は架空の存在ですが、世の中には人の生き血を吸おうと虎視眈々と狙っているコミュニティがあるのです。

吸血鬼コミュニティの特徴は、多くの人からお金を集めることにあります。

たとえば、「個人投資家の会」（仮名）というものがあります。不動産投資に関する情報を交換したり、資産家同士が交流するコミュニティです。

異なる名前で日本全国に存在し、参加人数は10人から100人とさまざまです。有益な情報を得られたり、結果を出している大家とつながったりすることもありますが、高額な不動産を売りつけられるケースもあるため注意しましょう。バックに協力企業や協賛企業がついていて、不動産を売るために「個人投資家の会」を利用しているのが実情です。

吸血鬼コミュニティに参加すると、業者の利ざやが大きい不動産を売りつけられたり、一生逃げられない奴隷契約のようなサブリース契約を結ばされたりします。あからさまに売りつけてくるところもあれば、やんわり紹介して徐々にプッシュしてくるところもあるので、初心者の人は気をつけてください。

吸血鬼コミュニティに引っかからないようにするには、あらかじめ「良いコミュニティ」と「悪いコミュニティ」の違いを知っておくことが大事です。

良いコミュニティは、「大金波動」があります。

一方、**悪いコミュニティは、参加者の資産が増えません**。

不動産投資で結果を出している人がほとんどいない場合、吸血鬼コミュニティだと疑ってかかるべきでしょう。

地方で開催されていて、資産が増えている参加者が多いようであれば、そのコミュニティは優良だと判断できます。

不動産投資は結果が見えやすいため、「この会に参加して、実際に儲かりましたか？」と参加者にヒアリングして、資産状況を聞き出すようにしましょう。

不動産ＩＱが低いと、コミュニティの良し悪しを正確に見抜くのは難しいかもしれません。しかし、不動産ＩＱが高くなれば、吸血鬼コミュニティかどうかを見極める「不動産レーダー」のスイッチが入ります。

参加者の資産をチェックしなくても、「こいつは売りつける人間だ」と、一瞬でわかるようになるのです。最後の一滴まで血を吸われてしまわないよう、不動産レーダーを起動して、自己防衛しましょう。

資産家へのファストパス

成功者のいるコミュニティに参加する。

第5章

エア大家さんで「不動産IQ」を高める

「エア大家さん」でシミュレーションしてみよう

The magic of real estate IQ

「想像力は知識よりも重要である」

相対性理論で有名な物理学者、アルベルト・アインシュタインの言葉です。知識だけを得るのではなく、想像力を発揮して未来を思い描くことにより、人間は進歩し続けていくことができるのです。

不動産投資の場合も同様で、私がお勧めしているのは、「エア大家さん」になることです。エアとは「しているふりをする」ことを意味しています。

大きなリスクを取って実際に物件を購入するのではありません。

購入するまでの流れを、大家さんになったようにシミュレーションするのです。

イメージしながら不動産ＩＱを高めていけば、取り返しのつかない失敗や落とし穴を未然に回避することができます。しかも、金銭的被害は一切発生しません。

エア大家さんをやることで「大金思考」が身につきます。

「大金思考」とは、大きなお金を意識する力です。

大金を手に入れる架空の体験をすることで、自然に大きなお金が引き寄せられます。そうして大金思考が身についていくと、「大金波動」が出るようになり、「大金覚醒」するのです。


日本人のほとんどは学校で義務教育を受けています。

ところが、お金の大切さや稼ぐ力については学校では教えてくれません。

2022年からは高校で金融教育が義務化されましたが、本書を読んでいる多くの人は、お金に関する教育を受けていないと思います。お金の基本すら学んでいないということは、大きい不動産の売買や借金には全く意識が向いていません。

ところが、エア大家さんとしてのシミュレーションを繰り返していくと、

「このアパートの家賃は大体6万円ぐらいだろう」

「部屋は6戸だから、月々の家賃収入は36万円かな」

「抵当権はついてないから、36万円丸々もらっているようだ」

「管理会社は入れていないようだから、管理手数料はかかってないな」

「固定資産税は年間20万円ぐらいだとすると、月々2万円いかないぐらいか」

と、自然に自分の購入物件として考えられるようになるのです。


訓練を経て得られた想像力は、不動産投資家としての無形資産になります。

自分の頭で考え、想像によって得られた経験値が大きなプラスになるのです。

エア大家さんは、あなたの資産を高める絶好の訓練と言えるでしょう。

私は3年以上かかりましたが、10年、20年の長いスパンで訓練していくと巨富を得るための強力なスキルになります。

宅建の勉強をするよりも、簿記の勉強をするよりも、大学受験をするよりも、よほど実践的でコスパがいいのがエア大家さんです。ぜひ、「大金思考」を身につけ、「大金波動」が出せるようになり、「大金覚醒」してください。

資産家へのファストパス

「大金思考」を身につける。

「金融電卓」と「貯金箱」でお金の感覚を磨く

The magic of real estate IQ

不動産業者も使っている「金融電卓」。

金融電卓を使いこなせるかどうかが、不動産投資の成否を分けるのです。

金融電卓は誰でも購入することが可能で、家電量販店やECサイトでは数千円で販売しています。代表的なメーカーにカシオやキヤノンなどがあります。

金融電卓の特徴として、次のようなものがあります。

・借入額と金利から毎月の返済額がわかる。
・20年、30年後の返済額がわかる。
・支払い総額がわかる。
・金利の額がわかる。
・支払い年数がわかる。
・生涯賃金を計算できる。

機種によっては「繰り上げ返済」「借り換え」「積み立て」「元金均等ローン」「元利均等ローン」などの計算にも対応しているものがあります。こうした数字をきちんと計算し把握することが、不動産投資を成功させるには不可欠と言えるでしょう。

特に不動産投資の初心者は、利回りが高いか低いかを考えがちですが、大切なのは金融電卓を使いこなして「お金の解像度」を上げることです。

99％の人は億単位の金額を扱うことには慣れていません。

まずは、大金に慣れていく必要があります。

5000万円も、1億円も、10億円も、計算上の数字として考え、ビビらなくなることが大事です。金融の世界にいる人は、大きな数字でもいたって簡単に計算してしまいます。彼らには「大金アレルギー」がないからです。

金融電卓は、あなたの「大金アレルギー」を解消するツールでもあるのです。

「大金アレルギー」を克服すると同時に、ぜひともやってほしいのが「小銭思考」

の排除です。

私が資産運用を教えている『末岡塾』では、「貯金箱」を購入するよう推奨しています。金融電卓で大金を扱うことに慣れながら、貯金箱で庶民の金銭感覚を脱し、資産家の思考回路を身につけるのが目的です。


では、貯金箱を使って何をすればいいのでしょうか？

持っている小銭をすべて、貯金箱に入れてしまうのです。

私の財布には小銭入れがありません。コンビニでたまに寄付もしますが、それ以外の硬貨はすべて貯金箱に入れてしまいます。

貯金箱を活用すれば、小銭にとらわれる「小銭思考」を捨てられます。

1円玉でも大切なお金ではありますが、あくまでも大金を呼び込むために、小銭とお別れしているのです。

資産家への
ファストパス

「大金アレルギー」と「小銭思考」を克服する。

The magic of real estate IQ

土地、建物、家賃、利回りの「相場観」を養う

あなたはアパートやマンションを見て、それが大体いくらなのかわかりますか？不動産投資をするのであれば、その価値を瞬時に見極められなければなりません。**相場がわからなければ物件を適正価格で購入したり、交渉して安く買ったりすることもできません。**これでは、裸で戦場に赴くようなものです。

しかし実際は、不動産投資家の中にも相場がわかっていない人がたくさんいます。だから、不動産投資で破産する人が後を絶たないのです。

予算の範囲内で、欲しいと思うエリア内で、相場をチェックする必要があります。新聞やネットでランダムに土地や建物を調べたり、なんとなく公示価格や路線価をチェックしたりしていても、相場を把握しているとは言えません。

「マクロ」ではなく「ミクロ」に意識を集中すること。実際に現場に出向いて、周辺の土地の値段、建物の値段、物件の家賃と利回りを細かくチェックしてくだ

さい。

相場観が養われていくと不動産がもたらす家賃収入だけではなく、銀行融資の諾否《だくひ》や売却益など、さまざまな情報を精査できるようになります。

相場のチェックを繰り返していくと、ターゲットの物件が大体いくらぐらいなのか、瞬時に見極められるようになります。不動産ＩＱが高まっている証拠です。

「相場観」とは、得られた知識やスキルをお金に換える力のことです。

日本は学歴社会で、受験勉強をするのが当たり前です。

そのため、安易な資格取得に流されやすい傾向があります。

うかつに流されてしまうと、お金にはならないことに人生を費やすことになり、誰かを儲けさせるために働くことになります。

学歴や資格は会社に就職する際には役立ちますが、不動産投資とは別ものです。

資産家への
ファストパス

情報をお金に換える力を身につける。

不動産IQを高めるPDCA

アメリカの統計学者であるウィリアム・エドワーズ・デミング博士は、1950年代に、画期的な概念を発明しました。

彼が生み出したのは、『シューハートサイクル』と呼ばれる手法で、後に「カイゼン」や「トヨタ生産方式」「リーン生産方式」などと組み合わさりながら「PDCAサイクル」へと発展していきました。

PDCAサイクルは次の4ステップから成り立っています。

1. PLAN（計画）
2. DO（実行）
3. CHECK（検証）
4. ACTION（改善）

「計画」し、「実行」し、「検証」してから、「改善」をする。その上で「計画」

に戻るサイクルを繰り返せば、活動の質や生産性を向上させることができます。ビジネスをはじめ、あらゆる活動はＰＤＣＡサイクルを回すことで、より良い状況を生み出すことができるのです。

不動産投資の勉強・訓練においても、次に挙げるＰＤＣＡサイクルを回しながら効率的に不動産ＩＱを高め、収益性を向上させていく必要があります。

1. ウェブ検索
2. 試算
3. 現地視察
4. 銀行面談

それでは、エア大家さんの４つのＰＤＣＡサイクルを詳しく解説していきましょう。

資産家へのファストパス

不動産のＰＤＣＡサイクルを回す。

「ウェブ検索」で多くの物件にふれる

不動産のPDCAは、ネット上の物件をチェックするところからはじまります。

最初のステップは、対象のエリアや物件を中心に「ウェブ検索」しましょう。

代表的な検索サイトとして、以下が挙げられます。

・楽待　https://www.rakumachi.jp/
・健美家　https://www.kenbiya.com/
・不動産投資連合隊　https://www.rals.co.jp/invest/
・at home 投資　https://toushi-athome.jp/
・LIFULL HOME'S 不動産投資　https://toushi.homes.co.jp/
・東急リバブル投資用　https://www.livable.co.jp/fudosan-toushi/
・不動産投資博士　https://www.toushi-hakase.com/

一つのサイトだけでなく、複数のサイトで情報をチェックしましょう。

検索目標件数は100件です。100件検索すれば、数軒は買うべき物件である可能性があります。不動産業界では「千三《せんみ》つ」という言葉が使われています。1000軒の問い合わせのうち成約に至るのは3軒程度であるという意味です。ただし、ハードルを上げすぎると続かなくなってしまうので、最初のうちは100軒中10~20軒ぐらいを次のステップ「試算」に回しても良いでしょう。

ウェブ検索以外にも物件を探す方法はたくさんあります。たとえば、業者に直接問い合わせること。問い合わせ先としては、物件を取り扱っている販売会社や開発業者に加え、建築会社、工務店、銀行などがあります。あるいは、友人や知人に聞くという方法もあるので、不動産IQが高まってきたらチャレンジしてみましょう。

資産家への
ファストパス

100件の物件情報を検索する。

物件の相場観は「試算」で養う

2番目のステップは「試算（概算）」です。「ウェブ検索」で100軒調べた中から、良さそうな10～25軒をピックアップし、それらを試算してみましょう。各種ポータルサイトに掲載されている「シミュレーションツール」を利用してみましょう。「売買金額」「自己資金」「借入年数」「金利」などを入力すると、「利回り」「年間家賃収入」「キャッシュフロー」などをチェックできます。慣れてきたら、金融電卓を使って自分で計算しましょう。

・表面利回り（％）＝年間収入÷物件購入価格×100
・実質利回り（％）＝（年間収入－年間支出）÷物件購入価格×100
・年間キャッシュフロー（円）＝年間収入－（経費＋ローン返済額＋税金）
・自己資金配当率（％）（CCR※）＝年間キャッシュフロー÷自己資金×100

・自己資金回収年数（年）＝１００（％）÷ＣＣＲ（％）
※ＣＣＲとは自己資金に対する年間キャッシュフローの割合。

重視したいのは「年間キャッシュフロー」です。

家賃収入から経費やローン返済額などを差し引いた、いわゆる「手残り」です。計算式では「税金」も加味されていますが、まずは、税金を考慮しない「税引前キャッシュフロー」を計算できるようにしましょう。

この数字から、個人であれば確定申告をし、法人であれば他の事業などから「損益通算」をしつつ納税することになります。

年間のキャッシュフローがわかれば、「自己資金配当率（ＣＣＲ）」「自己資金回収年数」も計算しやすいです。回収の目安は「6年」、長くても「10年」まで。15～20年もかかるようでは、よほど売却益（キャピタルゲイン）が出る物件でなければＮＧです。上級者は1物件を1年で回収します。

自己資金が５００万円なら、年間のキャッシュフローは５００万円以上です。

その後はずっと利益になります。中級者でも5年くらいで回収できるでしょう。

初心者のうちは、「年間キャッシュフロー」と「自己資金回収年数」の2つをきちんと計算できるようにし、物件を見る目を養っておきましょう。

また、これらの情報は4番目のステップ「銀行面談」で使うため、書類にまとめておいてください。

シミュレーションにおいて重要なのは、「概算」で出すことです。まずは、スピードを重視しましょう。

概算であれば計算に時間がかかりません。

たくさん調べることで自分が欲しいエリアの物件が瞬時にわかるようになります。素早く概算がわかるようになるほど不動産ＩＱも高まっていきます。

試算を行いながら、自分が狙うエリアや物件について、「事業費の総額（土地＋建物＋諸経費）」をより早くイメージできるようにしましょう。

事業費の総額

・土地（「路線価」や「実勢価格」など、人によって見方はさまざま）

・建物（エリアによって建築費の相場や銀行相場、実勢価格が異なる）
・諸経費（仲介手数料、司法書士への依頼手数料、登録免許税、印紙代、不動産取得税、火災保険料、リフォーム代）

「銀行のシミュレーション」に慣れてくると、「総事業費が5000万円だから、自己資金は1割の500万円で済み、借入れは4500万円になるな」とか、「木造だから耐用年数が22年か。築10年だからあと12年は借りてもらえるな」などがすぐに計算できるようになります。

住宅の耐用年数も記しておきます。物件購入時の参考にしてください。

・鉄骨鉄筋コンクリート（鉄筋コンクリート造）　47年
・軽量鉄骨造（骨格材肉厚3㎜以上4㎜未満）　27年
・木造　22年
・軽量鉄骨造（骨格材肉厚3㎜以下）　19年

資産家へのファストパス

シミュレーションは概算でいい。

「これだ!」と思った物件は「現地視察」に行く

エア大家さんのPDCAサイクル、3番目のステップは「現地視察」です。

「答えは現場にある」。京都セラミックの創業者であり、「経営の神様」と称される稲盛和夫さんの言葉です。

78歳でJALの再建を託された際も、現場に出て従業員に直接語りかけました。従業員にフィロソフィーを浸透させたことで、事実上の倒産状態だったJALは見事に復活を遂げました。

「ウェブ検索」でピックアップした10~20軒を「試算」し、数字的にも良さそうな物件が見つかったら、実際に現地へ行ってみましょう。

視察する軒数としては、「10~20軒中4軒」を目安にしてください。

不動産投資家の中には、現物を見ずに物件を買う人もいますが、それでは正しい評価ができません。机上の情報や数字だけでなく、自分の目で現物を見ることが、PDCAにおける重要な工程であることを理解してください。
具体的なチェックポイントとしては、次のような項目があります。

・周辺環境（駅までの距離、道路状況、商業施設や公共施設、近隣住民など）
・建物の外観
・エントランス
・共用部分（エレベーターや階段、廊下など）
・その他（屋上、受水槽、ゴミ捨て場など）

これらについて、「きれい・汚い」「雰囲気が良い・悪い」「臭いがある・ない」「使い勝手が良い・悪い」をチェックしていきます。
ここで得た情報は「銀行面談」などの次のステップでも使用するので、写真や動画などを撮影しておきましょう。

チェックする際には、「大家としての視点」と「銀行の視点」に加え、「入居者の視点」の3つを意識することをお勧めします。

「大家としての視点」は、自分が所有することになった場合に、その土地や建物に将来的な価値があるかどうか、管理のしやすさ、トラブルの少なさ（反社会勢力の事務所やお墓などの「嫌悪施設」がないか）などを見るようにしてください。

「銀行の視点」は、融資に値する物件かどうかを、周辺環境、外観、エントランスから見ていきます。見た目がきれいであるかどうかは重要です。最初のうちは判断が難しいかもしれませんが、資産価値や担保価値をイメージするようにしてください。

「入居者の視点」としては、やはり住みやすいかどうかが大事です。

駅からの距離、周辺の商業施設や公共施設、音、日当たりが挙げられます。


これらの視点を意識しながら物件の良し悪しを判断できるようになると、不動産ＩＱも高まっていきます。現地視察を行い、複数の物件を比較しましょう。

資産家へのファストパス

現地を見れば物件の実態がわかる。

The magic of real estate IQ

「銀行面談」は信用金庫や信用組合から挑戦

「ウェブ検索」で100件の物件をチェック。「試算」で10〜20件まで絞り込む。「現地視察」に4件行く。そして、最後に銀行面談となります。

この4番目のステップは、自己資金額と融資額のチェックです。

銀行と言っても、メガバンクや地銀はハードルが高いです。信用金庫や信用組合、日本政策金融公庫などからチャレンジしてみてください。最寄りの金融機関に直接連絡して軽くあしらわれたり、アポイントが取れなかったりした場合は、先輩大家さんに紹介してもらうと良いでしょう。まずは、担当者に会うことが必要です。

面談の準備としては、自分でシミュレーションをした書類や、現地で撮影した写真、感想をまとめておくこと。それがプレゼン資料となります。

実際の面談では、資料を使って「ぜひ銀行で融資を受けて、この物件を買いたいと思っています」と熱く語ります。

自分の考えを伝える際には、「大家として」「入居者として」「銀行として」という3つの視点から、数字や写真を活用すると良いでしょう。

面談の中で、担当者がアドバイスをくれたり、「このような条件（年数や金額）であれば融資できるかもしれません」などと教えてくれます。

担当者をクリアすると、支店長に引き合わせてもらえます。

その後、支店から本部監査などいくつかの段階を経て、融資の諾否が決まります。

面談を繰り返していくと、どのような物件で、どのような条件であれば、いくらぐらい借りられるのかがわかるようになります。

勘を養う訓練としても、銀行面談は欠かせません。

情報収集や成功事例の蓄積が、不動産IQを向上させてくれます。

どの銀行がどのような評価でどのくらい融資してくれるのかは、一般に出回らない「ブラックゾーン」の情報です。直接ヒアリングして慣れていくしかありません。

先輩大家さんから情報を得ることはできますが、より正確な情報を知るには、自分で銀行面談をして研究していく必要があります。

一連のPDCAサイクルは、「筋トレ」のようなものだと考えてください。小さな成功体験を積み重ねてやがて大きな成果を得る。習慣的に取り組むことで、成功法則が少しずつわかってきます。

はじめのうちは無駄が多いかもしれません。

しかし、ウェブ検索も試算もスムーズになり、現地視察も的確になり、銀行面談もそつなくこなせるようになれば、効率はどんどん上がっていきます。

PDCAサイクルを通じて勘所をつかめば、「金持ち大家」への道筋は見えてくるでしょう。

資産家への
ファストパス

銀行面談という「筋トレ」をする。

The magic of real estate IQ

面談できる銀行数を5倍に増やす

「WBC（ワールド・ベースボール・クラシック）2023」の決勝。優勝までアウト一つという重大な局面で、ピッチャーの大谷翔平選手がアメリカのマイク・トラウト選手から三振を取った球種は、160キロを超える自慢のストレート、ではなく「スイーパー」（横に大きく曲がる球）でした。

「いろいろな球種で組み立てられるのが、自分の一番の強みだと思っている」

この言葉からも明らかなように、ストレートだけでなくスイーパーやスプリット、シンカーなど、場面に応じて球種を使い分けられることが大谷投手のすごさです。


同じように、不動産投資でも、ここぞというときに使える選択肢が多ければ多いほど、活路は見出しやすくなります。

不動産投資のＰＤＣＡサイクルの最後は「銀行面談」です。

面談できる金融機関が多いほど、融資を受けられる可能性が高まります。

最初のうちは1行でいいのですが、少しずつ母数を増やしていき、面談できる銀行の数を2行、3行、4行と増やし、最終的には5行を目指してください。

ウェブ検索をした100軒のうち1軒を購入するために一つの銀行と面談するわけですから、単純計算で500軒ウェブ検索すれば、銀行面談数は5つになります。

面談先が増えると、どれほど収入が低くても、預金が少なくても、融資してくれる金融機関は見つかります。信用組合や信用金庫は、日本の国籍さえあれば主婦でも、フリーターでも、融資を受けられる可能性があります。

「この駅近エリアは融資をしてもらいやすい」
「この新築物件なら5000万円までいける」
「自分の信用力は、どうやら2000万円くらいだ」

エリア、物件、資産など、担当者からのヒアリングを重ねると、融資の成功パターンが見えてきます。それを見つけることができれば、逆算して預金をつくったり、収入を増やしたりするなどの事前準備も可能です。

「融資実績」から判断された情報が、あなたの勝ちパターンにつながるのです。

ここまでくると、成功は秒読みです。

面談した後に、打ち合わせ内容をレポートに残しておくこともポイントです。PDCAサイクルの中で蓄積されていく情報が、あなたにとっての無形資産になります。

情報と実体験は、あなたの不動産IQが高まっている証拠であり、あなた自身の成長の記録なのです。

私の塾生たちは、現地視察と銀行面談のレポートをシェアし合っています。成功事例や失敗事例を通じて、みんなで不動産IQを高めるのが狙いです。

資産家へのファストパス

融資を受けられる選択肢を増やす。

第6章

お金がお金を生む不動産購入のステップ

The magic of real estate IQ

今の仕事をしていて、将来幸せになれるか？

「もし自分が間違っていたと素直に認める勇気があるなら、災いを転じて福となすことができる」

これは、『人を動かす』『道は開ける』などの著者として知られるアメリカの実業家、デール・カーネギーの言葉です。

「レバレッジの巨人」になるためには、あなたの経験や仕事、学びのすべてをお金に換えていってください。換金できない資格やスキルでは意味がないのです。

不動産投資で人生を変えたいなら、現状を真摯に見つめることからはじめましょう。

現在の仕事をこのまま続けていいのかどうか、考え直す必要もあるでしょう。

「今の仕事をやめるなんて考えられない」という人は、自分自身にこう問いかけてみてください。

「今の仕事を続けていて、明るい未来が待っているだろうか？」

答えが「ノー」ならば、仕事を変える必要があります。


私も仕事を変える決断をした一人です。

「このままでは、夢は叶わない」と思い至ってからは、すぐに転職を決断しました。

歩合給の営業職について資金を稼ぎ、親からお金を借りて不動産投資をはじめました。転職という決断が、不動産投資での成功につながっているのです。

仕事を変える決断は簡単ではありません。変化を怖いと思う人もいるでしょう。

けれど、現在を変えなければ、未来は変わりません。

そして、決断をできるのはあなた以外にいないのです。

資産家へのファストパス

勇気を持って決断する。

「逆算思考」で銀行の融資を受ける

ハロルド・ジェニーンの著書『プロフェッショナルマネジャー』（プレジデント社）は、ユニクロの創設者・柳井正さんが絶賛するビジネス書です。

「コツコツ積み重ねるのではなく、ゴールから逆算する」

「逆算思考」と言われるこの発想は、経営戦略の王道として広く知られています。

逆算思考は、企業だけでなくあらゆる活動において効果を発揮する方法論です。

たとえば、不動産投資の場合、「銀行の融資条件から逆算して物件探しをする」という応用が可能です。

どのようなエリア（立地）の、どのような物件（価格や利回りなど）であればうまくいきやすいのかを導き出せれば、それがあなただけの必勝法になるのです。

融資担当者が指摘する内容を踏まえて物件を探しつつ、価格交渉も想定に入れて買うべき物件を割り出していけば、ＰＤＣＡサイクルは洗練されていきます。

反復継続によって、ＰＤＣＡサイクルのアップデートにつながるのです。

初心者のうちは、自分が気に入った物件や利回りが良い物件を選ぶことが多いのですが、銀行面談を経ると考え方も変わってきます。

結局、「融資を受けられなければ先に進めない」と気づくのです。

たとえるなら、金融機関から融資を受けるのは「結婚」のようなものです。いくらあなたが「あの人と結婚したい！」と思っても、相手と出会えなければ可能性はゼロに等しいでしょう。仮に出会えたとしても、相手にされなければ結婚どころかつき合うことすらできません。相手がどのような生活をしたいのかを知り、その実現に向かって邁進することで良縁を引き寄せることができます。同じように、不動産投資も相手、つまり融資先の意向を加味する必要があるのです。

資産家への
ファストパス

銀行が融資しやすい物件を購入する。

The magic of real estate IQ

お金を借りられるのは銀行だけではない

「どうせ自分は融資を受けられないから……」

そう言って不動産投資を諦めている人に、未来はありません。

「2ちゃんねる」の開設者、ひろゆきさんはこう言っています。

「人間って、やらない理由はいくらでも作り出せるんです」

いくら言い訳をしても未来は変わりません。

あなたの未来を変えられるのは、あなたの行動だけです。

お金を借りる方法は、銀行以外にもたくさんあります。

1．家族（両親、祖父母、兄弟姉妹、親戚など）から借りる

ハードルが最も低いのは、家族から借りる方法です。

不動産投資だけでなく、昔からいろいろな場面で使用されています。

「家族ローン」は、関係性さえ良好であれば問題なくできるはずです。

2. 建築会社（社長）から借りる

建築会社にお金を借りるのも方法の一つです。私も建築会社から土地を借りて建築したことがあります。もちろん返済するので、融資を受けるのと同じです。

3. 売主から借りる

物件の売主からお金を借りることができます。売り価格の一部や全部を借りることもあります。

いわゆる「セラーファイナンス」と呼ばれるもので、海外の不動産投資では一般的な手法です。

4. リース会社から借りる

美容院を開業するときに機材をリースで借りることがありますが、同じように不動産投資でも内装費用をリース会社が貸してくれるケースがあります。

金融機関とは異なり、無担保で借りられるのが強みです。「三井住友ファイナンス&リース」「昭和リース」「シャープ」など、さまざまな会社があります。

5. ノンバンクから借りる

ノンバンクは銀行のように預金業務は行わず、融資事業を中心に展開している企業のことです。金利は高くなりがちですが、お金を借りやすいのが特徴です。ノンバンクの利用を躊躇する人もいるかもしれませんが、自己資金があれば高利回りの物件を買うチャンスも広がるため、初心者のうちはぜひ活用しましょう。

融資先を開拓して、あなた自身の成功パターンを見極めていきましょう。**行動によって得られる経験値は、投資家にとっての無形資産になります。**努力は、決して無駄にはなりません。行動することで、あなたはお金持ちへの道を歩むことができるのです。

資産家へのファストパス

家族からお金を借りる。

The magic of real estate IQ

「都心」「駅近」「商業地」で探す

いまや高知県を除くすべての都道府県に出店していて、日本人だけでなく外国人からもおなじみのディスカウントストアのドン・キホーテ。

新宿や六本木といった「都心」と、車でないと行けない「郊外」のロケーションで業績を伸ばし、1号店出店から35年で、2兆円を超える売上規模に成長しました。

私が考える不動産投資におけるロケーションのポイントは、「都心」「駅近」「商業地」の3つです。これが「不動産投資の三択」です。

都心……街の中心部。
駅近……駅からの距離が近い。（徒歩5～10分以内）
商業地……店舗、オフィスビル、娯楽施設などが多い地域。

たくさんの人の流動と活動拠点があるため、活気に満ちているのが特徴です。

東京であれば、渋谷や新宿。大阪であれば「キタ（大阪駅・梅田駅周辺）」や「ミナミ（なんば駅・心斎橋駅周辺）」です。

もちろん、東京や大阪以外にも都市部や駅近、商業地はたくさんあります。

「不動産投資の三択」に共通しているのは、需要が高いため入居者を獲得しやすいこと。土地の値上がりも期待できること。

そのため、キャピタルゲインが得やすいのです。

東京都心だけでなく、地方でもコンパクトシティの中心部を狙うなど、それぞれのエリアに応じた場所を見抜くことが大切です。

「不動産投資の三択」に当てはまらない物件は、避けたほうが良いでしょう。

しかし、明らかなメリットがある場合は、また話が違ってきます。

「都市開発が入るのでキャピタルゲインが期待できる」

「近くにショッピングモールや巨大な駐車場がある」

「温泉地や高級旅館などの集客要素がある」
「安く購入できて、利回りも高い」

「利回り」に関しては、20%前後あればよいでしょう。
私の住んでいる北海道であれば、岩見沢市は人口が減少して10万人を下回っており、物件を所有している大家さんも困っています。そのような物件を安く買えて、収益性が見込めると判断できれば購入するのもよいでしょう。

東京であれば狙い目は、山手線の内側になります。
郊外でも、駅近や商業地の物件を狙って購入するのが成功の秘訣です。
北海道であれば、札幌の中心部、札幌大通やすすきのなどがベストでしょう。
もちろん、近くにドン・キホーテがあったら、絶対に「買い」です。

優良か不良かを見極める「360度評価」

企業が行う人材評価方法の一つに、「360度評価」があります。

通常、上司が部下の評価をするのが一般的ですが、多面評価では、部下が上司を評価したり、同僚や他部署の社員などが評価したりするのです。

360度さまざまな視点から評価することで、客観的な判断を促しやすいのが特徴です。これまで一面的な評価しかされていなかった人が、別の視点が入ることで強みが見つかったり、活躍したりするケースもあります。

人材の評価だけでなく、育成などにも応用されています。

不動産投資の初心者も、物件に対しては360度評価を応用しましょう。

ポイントは、自分の視点だけでなく、金融機関や不動産会社、入居者の感想からも物件を評価してください。

金融機関の視点は融資に直結することもあり、物件を見る目を変えてくれます。基本的には、インカムゲインが出るか、キャピタルゲインが出るかが主なポイントです。それ以外にも、それぞれの金融機関ごとに融資の方針があります。言語化されていたり、マニュアル化されていたりするわけではありません。「玄関まで私道だとダメです」「裏手に崖があるので厳しいです」「再建築不可物件は融資の対象ではありません」など、担当者にヒアリングすることによって暗黙のルールがわかっていきます。

不動産会社でも、ヒアリングをしなければ把握できない情報があります。そのため、面談は重要です。対面では聞き上手になることを心がけ、聞いた内容は必ずメモをして、レポートにまとめておきましょう。

面談するときは、なるべくたくさん質問をするようにしてください。会話を重ねれば人間関係も構築できますし、物件の良し悪しも、ポロッと口に出ることもあります。

「実は、前に住んでいたおじいさんが3年前に亡くなりましてね」

「昼は静かなんですが、夜になると繁華街が近くてうるさいんですよ」

「小学校への通り道なので、部屋が空いてもすぐに入居が決まりますよ」


それらに加えて、入居者の感想も360度評価に加えておくとよいでしょう。入居者の声が聞ければ、現在の入居率、購入後の空室率も計算できます。

「2階以上は、窓から墓地が見えるんで、ちょっと気持ち悪いんですよ」

「ゴミ集積場の近くなので、時々、異臭がします」

「近隣に反社会的団体のビルがあって、黒塗りの車がよく停まっている」

などの場合、入居者が獲得しづらい物件となります。

「自分が気に入ったから」「今は、利回りが高いから」だけではなく、物件を購入する際には、あらゆる角度から分析をしてください。

資産家へのファストパス

一面的な評価でなく多面的に評価する。

The magic of real estate IQ

損をしないために手付金、違反金について学ぶ

「解き方を教わるのではなく、『やればできる』という自己肯定感を育み、未知の領域にも自分から挑戦する力を培う」

これは、学習塾「KUMON」が掲げている方針です。

トップ棋士の羽生善治さんもテレビCMに出演して、小学校2年生から公文式学習をやっていたことが話題になりました。

自力で問題を解くことによって、難しい課題にもチャレンジできるようになります。

こうした姿勢は不動産投資にも取り入れるべきでしょう。

100軒、300軒、500軒と概算を出してみると、優良物件に対する感度が高くなります。常にアンテナを張り巡らしているような感覚です。

不動産IQが高まってきたら、全体の流れを意識することが大切です。

一般的な物件の売買は次のような流れで行われます。

・金融機関の融資の承諾。
・買付けの申し込みをして「買付証明書」を出す。
・相手が承諾したら「売渡証明書」が発行される。
・契約書の作成。
・売買契約の締結。（手付金の支払い）
・融資の実行。（決済金の支払い）
・引き渡し。（所有権の移転）
・物件の管理へ。（管理会社）

精密な分析をするのは、買付けの申し込み後と契約前の段階です。

購入時には「買付証明書」を出すのですが、その際の精密な分析は不要です。

たとえば、1億円の物件に対し「8000万円なら買いますよ」と打診した場合、売主が「わかりました。8000万円で売ります」と承諾し、その後に「売渡証明書」が発行されます。精密な分析はそのタイミングで十分です。

買えるかどうかわからない段階では、概算だけ出すようにしましょう。

契約書や手付金や違約金のことも知っておかないと、不利な条件で契約させられて損をする可能性があります。より良い条件で契約するためには、「精密な試算の仕方」「買付けの仕方」「交渉の仕方」「売り渡しの仕方」「契約書のつくり方」「管理会社の選び方」「入居者の募集方法」なども知っておく必要があります。

リフォームして、管理会社を決めて、入居者の客づけを行い、家賃収入が入ったり、返済がはじまったりすると業務はルーティン化できます。

しかし、その前の契約方法をシビアに知っておかなければいけません。

契約の段階で損する人は、不動産IQが100以下です。

サブリースや管理会社の選定と解除も含めて、学ぶべきことはたくさんあります。

資産家へのファストパス

契約の流れを知っておく。

知らなかったでは済まない「サブリース契約」

「資本は死せる労働である。それは吸血鬼のごとく生きた労働を搾取することによってのみ生きる」。革命家のカール・マルクスは、このような言葉で資本家を糾弾しました。それが、後の社会主義思想へと発展しています。

日本は資本主義社会であるため、マルクスの言葉にあるような「搾取」の構造は随所に見られ、それが格差社会を生んでいることは否めません。

ただ黙って搾取され続けるか、あるいは自ら行動して資産を形成し、自由を獲得するか、どのような未来を築くのかは、あなたの選択にかかっています。

注意したいのは、不動産投資で逆に搾取される人がいることです。

わかりやすいケースとして「サブリース契約」が挙げられます。

サブリース契約とは、不動産オーナー（投資家）と不動産会社が賃貸借契約を結び、不動産会社が借主に「転貸」するものです。借主は不動産会社に、不動産会社は貸主に賃料を支払います。オーナーとしては、入居者の有無にかかわらず一定の賃料が得られることに加え、運用の手間がかからないのがメリットです。

しかし、サブリースの賃料は実際の家賃よりも少なく設定されているのが一般的で、その差額が不動産会社の利益になります。

中には、「いかなる理由でも解除できない」契約もあるのです。赤字になっても解約はできません。

サブリースが「大家さんの奴隷契約」と呼ばれている所以です。

国民生活センターの調査（2023年）では、「集合住宅・分譲マンションの契約・解約問題に関する相談数」は1337件と非常に多く、かつては『かぼちゃの馬車事件』のように大きな社会問題にもなりました。

サブリース会社との契約で注意したいポイントは次の通りです。
・解約できるか？（管理会社を変えられるか？）
・解約時の違約金はないか？
・リフォーム会社やリフォーム条件の縛りはないか？

たとえば、大手企業のD社は、サブリースもしていてリフォーム条件もつけています。そのため売上1兆円超の企業になっているのですが、D社と契約した日本全国の地主は解除も解約もできず、搾取され続けています。

地主のおじいさんやおばあさんは、よくわからずに契約書に印鑑を押してしまうので、建築費、サブリース、リフォーム代と次々とお金を取られてしまいます。最後には土地ごと奪われて、競売や買取りをされてしまうケースもあります。

サブリース契約はもちろん、管理会社との契約書や賃貸借契約書の内容にも法的リスクは潜んでいます。搾取されないためには法的リスクに備える。不動産IQを高めるためにはそれも必要なのです。

資産家への
ファストパス

法的リスクを回避する。

第7章

ワンランク上の不動産投資家を目指して

The magic of real estate IQ

「お気に入り不動産」を他者に奪われないために

「いったん交わした契約は反故にできない。サインをする前に、考慮すべきことはすべて考慮しておきなさい」

世界3大投資家の1人である、ウォーレン・バフェットの言葉です。

バフェットが保有する株式は「バフェット銘柄」と呼ばれて市場で注目されているように、株式投資家のイメージがあります。現在は株に「集中投資」していますが、以前は不動産投資も行っていました。

契約の前後では、やるべきことがいくつもあります。

【契約前】……買付証明書、売渡証明書、精密分析、契約書、契約・手付金。

【契約後】……管理会社の決定、融資本承認、決済、所有権移転。

契約前後の流れの中で、押さえておきたいポイントをご紹介しましょう。

買付証明書（契約前）

売主に出す「買付証明書」は、直筆のサインと押印が必要なのですが、この段階で競合（ライバルの買い手）が現れる可能性があります。

良い物件であればあるほど買う人が殺到します。

交渉の第１優先権を維持するためにも、他の人に取られないように注意してください。

なぜなら、買付証明書には法的拘束力がありません。

そのため、買付証明書を書いても物件が買えないことがよくあります。

契約するまでは気を抜かないようにしてください。

たとえば、買付金額は、１億円の物件を１億円で申し込めば買えるわけではありません。優良物件は、１億円の物件に１億５００万円で買付けを入れることもあります。

仲介会社に手数料を多く支払って、さらに自分に引き寄せることもします。

金額のさじ加減とロビー活動が売買契約の勝敗を決します。

手付金（※1）に関しても、決済が終わるまではひっくり返せます。

仲介手数料（※2）は法律で決まっているのですが、コンサルティング費用を上乗せしたり、契約日や決済日より早く手数料を欲しがる場合は、前倒しで半金を支払ったりなどの工夫をするべきです。

仲介業者に営業ノルマがあるケースなどは先払いすると効果的です。

手付金と仲介手数料の金額は大体決まっています。

※1　手付金……売買代金の5～20％（5～10％ほどが一般的）

※2　仲介手数料……売却価格が200万円以下なら価格の5％
200万円超から400万円以下なら価格の4％
400万円超なら価格の3％に消費税を足した金額が上限

買付証明書を提出しても、口頭あるいは書面で提出している状態なので法的拘束力はありません。

できるだけスピーディーに進めることが重要です。

なぜなら、契約するまでの間に「もっと高く買いたい」と横槍が入ってくる可能性があるからです。

仲介業者は買付金額が高いほど手数料が多く入ってきますから、買主を替えようと考えます。

そこで、横取りされないための工夫が必要になってきます。

裏技としては、双方合意したら「手付金」ではなく「申込金」として数百万円ほど入れるケースもあります。

契約書をつくる前に、返されないお金として支払ってしまうわけです。

「第1優先権つき申込書」で合意し、お金を支払ってから契約書をつくれば、横槍も入りません。

資産家への
ファストパス

競合対策を怠らない。

売渡証明書・手付金・契約書（契約前）

交渉がうまくいくと、「売渡証明書」を発行してもらいます。
さらに、金額や条件の詳細も決めていきます。

- **手付金の額。**
- **手付金の支払時期。**
- **融資停止の条件。**
- **土地の測量を入れるかどうか。**
- **建物を解体するかどうか。**
- **入居者の立ち退きをどうするか、などです。**

打ち合わせをした条件で双方が合意したら、「契約書」づくりがはじまります。
ここまでくれば、買える可能性は50％です。その後の流れは次の通りです。

・「売渡証明書」をもらって「精密分析」を行う。
・「契約書」と「重要事項説明書」を作成してもらう。
・契約日に「手付金」を支払う。

また、事前に物件の精密分析も行いましょう。

「どのくらいの初期費用（リフォームなど）がかかるのか？」

「どのくらいの利回りになるのか？」

「どのくらいの借入れになるのか？」

これらを試算し、有利な契約書をつくれるように準備しておきましょう。

この後、契約承認と契約書へのサイン・捺印を行い、手付金を売主に支払います。


買付けから手付金の支払いまでをいかにスピーディーに行えるかが勝負の分かれ目です。契約書をつくるのは誰にでもできるので、そこに注力する必要はありません。

むしろ、関係者をいかに満足させられるのかに力を注ぐべきです。

売主と仲介業者をグリップするわけです。

いくら「他の人には売らないで」とお願いしても売られてしまいます。

金額が高いところや、条件のいいところになびいてしまうのです。

手付金を入れるまでは法的拘束力がないことを理解し、適切にナビゲートするようにしましょう。

仲介会社・紹介者（契約前）

仲介会社には「買う側」と「売る側」の業者がいます。

たいていは、業者同士が「価格はこれぐらいでどうでしょうか？」「契約日はこの日にしましょうか？」など細かい部分について交渉します。

それが不動産業界の習わしなのですが、場合によっては「紹介者」が複数人出てくることもあります。


仲介業者や紹介者たちと意見調整や利益調整をしておかないと「この人には売

らない」という意見が出てきてしまう可能性があります。

どのような状況でもひっくり返してくるのが業者のやり方です。

はじめて不動産契約をする人にとって、一連の流れやお金にまつわる交渉ごとを把握するのは難しいかもしれませんが、「単純に売主と買主が契約するわけではない」ことを理解しておく必要があります。


すべての関係者を満足させない限り、取引はうまくいきません。

仲介業者、紹介者、売主、すべての関係者を笑顔にさせるよう心がけましょう。

人によって要望が異なります。

金額だけ満たせばいい人もいますし、購入後の用途にこだわる人もいます。

相手の要望を見抜ければベストですが、わからなければ聞くようにしてください。

資産家へのファストパス

関係者すべての利益調整を行う。

スムーズな売買ができるかは契約前に決まる

契約をした後、融資を含めた流れは次の通りです。

管理会社の決定、融資の本承認、決済、所有権移転（契約後）

- **融資の本審査、本承認。**
- **決済。**
- **登記。**
- **所有権移転。**
- **管理会社の決定、引き継ぎ。**

「管理会社の決定」は、管理の方針などを決めなければならないため、融資の本承認前に行っておくのがお勧めです。

融資の本承認があると、融資の内容が確定し、決済のときには融資が実行されてお金が振り込まれます。登記もされ、所有権移転が完了です。

手付金を支払った後は、買主が手付金を放棄するか、または売主が手付金の2倍の金額を買主に支払わなければ契約を解除できないため、契約が反故になることはないと考えて良いでしょう。

優良物件を購入できるかどうかは、契約前が勝負です。

第16代アメリカ大統領のエイブラハム・リンカーンは言います。「もし木を切り倒すのに6時間与えられたら、私は最初の4時間を、斧を研ぐのに費やすだろう」。初期の準備が大切だということを物語っています。

同じように、不動産投資でも初期段階での「段取り」が重要です。

契約を結ぶ前の段階できちんと対処しておけば、契約内容も有利になります。できる不動産投資家は、物件選びから融資まで、購入のプロセスを完璧にシミュレーションしています。不動産IQは120と言えるでしょう。

資産家へのファストパス

購入までの過程を完璧に計算する。

インカムとキャピタル、両方を手に入れる

不動産IQ120を目指すなら、欲張って、インカムゲインとキャピタルゲインの両方を手に入れることを目指してください。

インカムゲイン

安定した収入を得たいならインカムゲイン。つまり、家賃収入のことです。インカムゲインは安定して継続的に利益を得られるため、リスクが少ないのが特徴です。

しかし、キャッシュフローが悪く、リターンが少ないのです。

キャピタルゲイン

将来的に不動産を売って、大きな利益を得たいならキャピタルゲインを狙いましょう。

キャピタルゲインとはつまり、売却利益のことです。

5年後、10年後、20年後にいくらになるかを想定し、より価値が高まる物件を購入しているのです。

この2つのキャッシュフローをよくするためのポイントは、次の2つです。

- **物件の購入金額を下げる。**
- **融資の借入年数を長くする。**

物件の売買金額が下がればそれだけキャッシュフローも良くなります。

金融機関からの借入年数が長くなれば、毎月の返済が少なくなるので、同じくキャッシュフローが良好になります。この2点を意識するのが基本です。

その他にも、「借入金利を下げる」「管理手数料を下げる」「リフォーム代を下げる」などの方法もあります。

金利については低いほうがいいのですが、下手に交渉するよりもたくさんお金を借りたほうが得策です。

「もう少し下げてほしい」と粘り強く交渉する人は、不動産ＩＱがあまり高くないと言えます。

なぜなら、金融機関の印象も悪くなるからです。

資産家へのファストパス

二兎を追って二兎を得る。

The magic of real estate IQ

今からでも確実に値上がりする場所はある

「5年後、10年後の未来を予測するのは難しい」という人は、不動産ＩＱの低い人です。過去のデータを見れば、未来の傾向と対策がわかります。

確実に値上がりする場所は、データを分析すれば今からでもわかります。

たとえば、私が住んでいる北海道北広島市ですが、住宅地の地価上昇率で北広島市が全国1位となるほど、人気のエリアになったのです。

昔は取引時の単価が坪10万円ぐらいでした。

その後、北海道日本ハムファイターズの新球場『北海道ボールパークＦビレッジ』ができて、２０２５年には商業施設とホテルが入る複合ビルが開業。

２０２８年には新駅もできるため土地の値段が高騰しています。

現在では、坪30万～40万円のエリアもあります。

北海道であれば、北海道新幹線の「新函館北斗～札幌間」の開業時期が2030年度末とされています。もし札幌の地価が東京と肩を並べるほどに高騰すれば、坪1000万～1300万円まで成長することも夢ではありません。

ちなみに東京は、ロンドンやニューヨークなどの都市と比べて「まだ割安」と判断され、中国人に購入されるケースが多々あります。

北海道の人気エリア、ニセコも同様です。

ニセコは2015年から6年連続で地価上昇率全国1位を獲得しました。

その理由は、アジア圏の他のスキーリゾートと比較されているからです。世界中のスキーリゾートが値上がりしていることに便乗して価格が上がっているのです。

他にも、新駅の開発、大学や病院の誘致、商業施設の建設などが予定されているエリアは、これから土地の価値が伸びることが予想されます。

また、名古屋や岐阜、長野など、リニアモーターカーの停車駅のエリアも注目されています。こうした新駅の開発は地価も顕著に上がるため、最新情報は常にウォッチしておくべきでしょう。

私は北海道生まれ、北海道育ちで、北海道で「ギガ大家」になりました。
もちろん、首都圏でも日本中どこでも不動産投資で成功する自信はありますが、やはり一番情報が入ってくるのは北海道です。この情報がお金では買えない価値があります。不動産IQの高い人は、まずは、地元でダントツの一番になることを勧めます。

あなたが狙っている場所を、土地が値上がりしている場所と比較してください。
すると、投資先として重視すべきポイントが見えてきます。
外国人の視点を考察したり、国の開発計画に便乗したりしながら、インカムゲイン、キャピタルゲインの両方が得られる物件を精査していきましょう。

資産家への
ファストパス

10年後の未来を予測する。

0円で買った家を100万円で売る方法

The magic of real estate IQ

不動産営業をしていたときの話です。

当時の私は、地方にある空き家を購入していました。見ず知らずの人の家を訪れて、「お宅の家を0円で売ってくれませんか?」と交渉していました。

「無料なんて考えられない! あなた、頭がおかしいんじゃないの?」

と門前払いされる姿を想像されるでしょう。

しかし実際には、たくさんの人がタダ同然で譲ってくれました。

しかも、とても喜んでくれたのです。

その理由は、家を管理してくれる後継者がおらず、ご本人も価値がないと思い込んでいて、取り壊すための費用が何十万円とかかると考えていたためです。

「処分するのにお金がかかるなら、タダでも誰かにあげたほうがいい」

そのように考える人が、地方にはたくさんいるのです。

地方の空き物件の多くは、築50年以上の建物で、処分に困っている人は大勢います。

しかし、不動産投資の観点から見れば、まさに宝の山。

地方の０円物件は十分投資するに値するのです。要は、「目利き力」です。

材料を適切に料理する力さえあれば、地方の空き家は貴重な食材になります。

老舗の不動産屋で売っている老朽化した家屋を買うのも、安く物件を手に入れるのにお勧めです。地元の人にも知られていない物件が多く、「よく調べてみたら高利回りの物件だった」というケースもたくさんあります。

古民家をリフォームすれば付加価値がつきますが、物件に手を加えず、そのまま『楽待』や『健美家』などの不動産物件専門のポータルサイトで転売することもできます。私は０円物件を購入しては１００万円で売りさばいていました。

誰も目をつけていない物件だからこそ、チャンスがあるのです。

不動産投資には、アンテナを立てて情報をキャッチする能力が必要です。

地方の物件に着目し、手を加えて転売できる人は、不動産ＩＱで言えば１４０

に達しています。

素晴らしい食事をつくるには、食材だけでなく料理の腕前が必要です。

不動産投資においても、物件を見極めて、リフォームによって価値を高めつつ転売するスキルが重要です。

どこで売るのかについても、「購入したポータルサイトとは別のポータルサイトで売却する」「知り合いに紹介する」など方法はたくさんあります。

リフォーム費用を出すのがもったいないと思うなら、コストをかけずにそのまま転売する方法もあるのです。

売り方と売る場所を変えれば、高く売れる物件はたくさん存在しています。

自分では難しいと思うなら、私に相談してください。

素人では売れそうにないと考える地方の空き家でも、宝の山に変わるのです。

資産家へのファストパス

地方の空き家が大きな富を生む。

The magic of real estate IQ

家賃アップを狙えるリフォーム術

日米の野球界に大きな功績を残したイチローさんは「小さいことを積み重ねるのが、とんでもないところへ行くただ一つの道である」と説いています。リフォームで小さな工夫を積み重ねていくことで、やがて「レバレッジの巨人」へとたどりつくことができるのです。

「リフォームを制するものが賃貸経営を制する」

そう言っても過言ではないほど、賃貸経営においてリフォームは重要です。なぜなら賃貸物件は、新築のとき以外は定期的にリフォームをする必要があるからです。

木造であれば新築から25年ほど、鉄骨鉄筋コンクリート造であれば30～50年ほどは維持・管理することになります。入居者が出ていけばリフォーム、エントランスが汚れたらリフォーム、というように頻繁にメンテナンスが必要となります。

リフォームを自分で行う人もいますが、回数が多い場合は、リフォーム会社や工務店とパートナーシップを組むほうがいいでしょう。

リーズナブルにリフォームできればベターですが、それよりも、きれいにすること、オシャレにすることで付加価値がつきます。

不動産オーナーとしての必須スキルが、リフォームなのです。

具体的なリフォームのやり方については、時々刻々と進化しています。

最新情報や事例は、ＳＮＳの画像・動画でチェックしましょう。

検索するときは、次の３つに重点を置くといいでしょう。

リフォームのやり方を検索する際のポイント

・割安なリフォームのやり方。
・価値を高めるリフォームの方法。
・家賃を上げるリノベーション。

特に重要なのは、家賃アップを狙うことです。

家賃は、建物の年数が経つと基本的に下がります。古くなればなるほど価値が低くなると判断されるためです。しかし、不動産ＩＱが高い不動産オーナーさんは、家賃は上げられるものだと考えています。

デザイン性の優れたものを追加したり、最新の設備を取りつけたりすれば家賃アップが可能です。

では、どのようにリフォームをすれば家賃をアップできるのでしょうか？

具体的な方法はたくさんありますが、次に挙げる点が工夫しやすいでしょう。

家賃アップにつながるリフォームポイント

・クロス……壁の一部は色や模様に変化を持たせるアクセントウォールにする。
・フローリング……畳の和室を、無垢材を使った洋室にする。
・照明……調光、電球色にこだわる。間接照明なども取り入れる。
・キッチン……水道の水栓金具のグレードアップ。
・トイレ……ウォシュレットの設置は必須。

その他にも、換気扇の交換、シャワーヘッドを最新に。網戸やふすまなどの張替え。ガスコンロの交換などが挙げられます。ペット可の物件であればペット用の設備（洗い場、グルーミングルーム、ドッグランなど）を用意するのも良いでしょう。

セキュリティ面としては、防犯カメラや指紋認証のオートロック、スマホを活用した遠隔操作、ＩｏＴやＡＩを活用した「スマートホーム」なども付加価値が高くなります。

家賃アップのポイントは「細部までこだわる」ことです。中途半端に設備を導入するのではなく、入居者に明確にわかるように徹底的に行うことが大切です。

資産家への
ファストパス

オシャレな最新設備に交換する。

賃貸で儲けるための3つの指標

The magic of real estate IQ

「物件価格（土地・建物）」「家賃相場」「建築費」。

これらの3つの指標は、日本で不動産投資をする人は必ずチェックしておかなければならない数字です。地域やエリアごとの違いを確認しておきましょう。それぞれ相場が異なるため、インカムゲインやキャピタルゲインにも影響が出てきます。

物件価格や家賃相場についてはすでに解説しているので、ここでは建築費について解説していきましょう。


国土交通省の「建築着工統計調査」をもとに、各都道府県の工事費予定額及び床面積の合計から坪単価（1坪あたりの建築費）を割り出します。

『HOME4U《ホームフォーユー》 オーナーズ』が建築着工統計調査（2022年）から割り出した坪単価（すべての構造の建物）は、次のようになります。

北海道……56・1万円
東京都……102・3万円
愛知県……72・6万円
大阪府……75・9万円
福岡県……66万円

物件価格や家賃のように、建築費にも地域・エリアによってバラツキがあります。「物件価格」「家賃相場」「建築費」のバランスによって、不動産賃貸業は儲かるかどうかが決まるのです。

家賃が高くて坪単価が安い物件ならば、家賃収入はアップします。

建築費が高くて家賃が安いところは利回りが低くなります。

これがインカムゲインの原理です。この原理原則をよく理解しましょう。

地価は「路線価」を調べれば出ていますし、実勢価格もインターネットで調べればわかります。家賃も同様で、住所から家賃相場を調べられますので、調べながら感覚をつかむようにしましょう。

3つの指標以外にも、地域・エリアに応じた「貸出金利の傾向」や「市場動向」などを調べる人もいるのですが、初心者は無理に勉強する必要はありません。**自分のエリアに関係することなら知っておくべきですが、保有戸数が5戸以内であれば、「物件価格」「家賃相場」「建築費」のみを把握しておくだけで利益は出ます。**

特定エリアの物件だけを所有しているのであれば、マクロではなくミクロの情報を把握するようにしてください。

マクロな数字の調査は、数多くの物件を所有しているオーナーや、日本全国で買っているファンドマネージャーだけで十分です。

彼らは資産も数百億単位なので、市場や金利、政治なども見る必要があります。

「金融機関の融資動向」は、ミクロかつ重要な情報です。

市場全体や為替、経済状況よりも、自分のエリアの金融機関がどのような融資動向なのかを調べるようにしましょう。

金融機関の担当者や支店長と定期的に面談し、エリアの話や融資額の話、融資姿勢などについてヒアリングすることで情報をつかめるようになります。

金融機関の担当者とのコミュニケーションスキルを高めることが重要です。

担当者と話していると、自分のエリアの開発状況もわかります。

北海道であれば、新幹線やラピダス（半導体工場）、北海道日本ハムファイターズなどの動向から、不動産投資に関連する情報も得られるでしょう。


自分のエリアに関係ないことを勉強しても「不動産投資テスト」には出ません。

不動産投資家は、効率よくテストに出るところだけを勉強すればいいのです。

資産家へのファストパス

必要な情報だけをリサーチする。

The magic of real estate IQ

外国人とペットに対応した物件づくり

日本政府観光局（ＪＮＴＯ）によると、２０２３年の訪日外国人旅行者の数は２５００万人を超え、コロナ禍以前（２０１９年）の約８割まで回復しています。２０２４年３月からと４か月連続で３００万人を超え、同６月は３１３万５６００人となり、単月としては過去最高の数字を記録しました。

インバウンド産業はコロナ禍で低迷したものの、２０２３年には訪日客数や消費額も回復し、５兆円を突破しています。

こうした流れをぜひ不動産投資にも活かしましょう。

たとえば、**「民泊」は、外国人が高く借りてくれる可能性があるのでチャンスが広がります**。

民泊を経営するなら、入居者の目線で利便性やトレンドを加味して設備を取り入れていきましょう。いかに外国人好みの物件をつくれるかがカギです。

外国人向け民泊物件で工夫すべきポイント

・外国人が好きな和風デザインや着物の柄を取り入れる。
・シャワールームをたくさん設置する。
・バーベキューなどアクティビティを用意する。

その他にも、**外国人向けの賃貸物件も需要があります。一般的な賃貸物件は日本人向けのものが多く、外国人が住むのには適していないケースがあります。**不満な点を解消できれば、積極的に選んでもらえる可能性があるのです。

外国人向け賃貸物件で工夫すべきポイント

・家具や家電付きにする。
・広々とした間取りにする。
・複数のバスルームやベッドルームを備える。
・外国語対応ができる管理人を置く。

また、**国内の富裕層を狙うとしたら、ペットに優しい物件がお勧めです。**
元国税専門官である小林義崇さんは、著書『元国税専門官がこっそり教えるあなたの隣の億万長者』（ダイヤモンド社）の中で、富裕層の習慣の一つとしてペットを飼うことを挙げています。

特に、富裕層は大型犬を飼う傾向があり、ペットを飼うことで生活習慣が整い、心身の健康につながるそうです。そのため、ホテルや民泊、賃貸物件においても、犬や猫が住みやすい環境をつくることは必須になります。

実際、ペット可にして家賃がアップした事例はたくさんあります。
さまざまな視点でペットと暮らしやすい環境を整備すれば、富裕層から選ばれやすくなるでしょう。

ペット可の物件で工夫すべきポイント

・傷がつきにくいクロスを使用する。
・ニオイ対策がされているフローリングを採用する。

・汚れが落ちやすい家具を配置する。

家賃を1万円値上げしたとしても、ペット対応の物件は選んでもらえます。対応物件はまだまだ少ないのでチャンスがあるのです。

家賃は利回りにも直結するので、「どうすれば家賃を上げられるか」を常に検討するようにしてください。

外国人のトレンドを知ることはそのための強力な武器になります。

資産家へのファストパス

日本人以外のキャッシュポイントを考える。

数字に向き合うことで成功への道は拓ける

The magic of real estate IQ

日本を代表する実業家で、新1万円札の顔になった渋沢栄一は、「数字算出の確固たる見通しと裏づけのない事業は必ず失敗する」と言っています。

これは、あらゆるビジネスに共通する格言でしょう。

不動産投資も例外ではありません。いかに数字を把握できるかが重要であり、実践を通して数字に強くなることが、不動産IQを高めることにもつながります。

不動産投資に関連する経費について説明します。

・ローン金利　・保険料
・管理費、管理委託料　・仲介手数料
・司法書士報酬　・修繕費
・減価償却費　・その他（雑費、固定資産税など）

将来的には、他の事業と「損益通算」もしましょう。

私の場合、不動産業だけでなく「造園業」や「芸能活動」もしているため、それらの事業も含めて損益通算をして、全体でバランスを取るようにしています。

これは不動産ＩＱ１２０レベルになりますが、「不動産投資に関連する経費に詳しくなること」「損益通算を検討すること」の2点は意識しておきましょう。

数字で大事なことがもう一つあります。

「資産状況」と「投資目標」を確認しておくことです。

不動産を含めた金融資産の一覧を用意し、内容を精査するのです。

自分だけでなく、配偶者など家族の状況を見ながら、「今はこれだけ増えたね」「昔は数字が低かったなあ」「この物件は売ってもいいかも」など、1件ずつ意見調整をしましょう。いわば、「不動産の家族会議」のようなものです。

過去と現在を踏まえて、次の目標を定めるのがポイントです。

資産状況を一覧しながら、自分と家族の投資目標や方針、ビジョンを決めていくのです。年に1回は、そうした作業を行うようにしましょう。
タイミングとしては、確定申告書ができあがる2月末ぐらいが良いでしょう。
決算書ができた月でも構いません。資料があったほうが検討しやすくなります。

他には、「現預金推移」も必要です。

現金に加えて、不動産資産、借入額などが少しずつ増えているのが理想です。
年単位で棒グラフをつくると、成長がリアルにわかります。
数字を意識すれば、おのずと資産は増えていくでしょう。

資産家への
ファストパス

「不動産の家族会議」を行う。

The magic of real estate IQ

税金はケチってはいけない

優秀な不動産投資家は、確定申告書や決算書の「営業利益」が増えています。

営業利益とは、本業から得る利益のことです。
銀行をはじめとする金融機関は、営業利益を重視しています。
「黒字決算」であるかどうかで、融資の諾否や額が決まるのです。

資産を拡大したい人は、決算を黒字にして、所得税や法人税をきちんと納税してください。金融機関に対する実績づくりだと思って納めるようにしましょう。
営業利益が伸びれば伸びるほど税金も増えていきますが、融資を受けるためには黒字化と納税が欠かせないのです。「節税のやり方を教えてほしい」という人も多いのですが、節税は納税額が少なくとも数千万円単位に達してからで良いでしょう。

営業利益が2億円の場合、税金で約8000万円が飛んでしまいます。**資産が大きくなればなるほど、法人税、所得税、消費税の3つが大きくなります。**

それ以外にも、固定資産税、都市計画税、不動産取得税、登録免許税など、不動産投資はまさに税金ずくめです。

「税金を払うのはもったいない」と思う人もいるかもしれませんが、適切な納税の判断ができるかどうかは、ビジョンを持っているかどうかにかかっています。

納税には慣れていかなければなりません。

きちんと納税し、金融機関の評価を高める。こうして実績をつくりながら資産を増やす。

不動産投資の初心者には、この姿勢が求められます。数億円、数十億円を借りられるようにするための布石づくりだと考えてください。

資産家へのファストパス

信用をつくるために、しっかり納税する。

第8章

成功する
不動産オーナーは
プロから学んでいる

純資産が1億円を超えたらメンターから学ぶ

「雨を予測することは役立たないが、方舟をつくることは役に立つ」

世界的に著名なアメリカの投資家、ウォーレン・バフェットの言葉です。

彼は、50年以上もの長期にわたり、複利計算で約21％という驚異の成績を叩き出しているだけあって、発言の一つ一つに重みがあります。

この言葉の意味は、「相場を完璧に予測できる人はいないが、どう対応するのかは考えることができる」という内容であり、それはまさに真理でしょう。

不動産投資も、将来を完璧に予測することはできなくても、どう対処すればいいのかは、経験やノウハウ、過去のデータからわかります。

不動産投資で狙うべきエリアは「都心」「駅近」「商業地」の3つであるとお伝えしました。これはどのレベルの投資家でも不変です。

不動産ＩＱ１２０ぐらいまでは、それらのエリアを軸にインカムゲインを狙っていくのが基本です。買えるところはまだ限られてきますが、本書の内容を踏まえて徹底的に実践し、資産を増やしていきましょう。

不動産ＩＱ１４０になると、毎年の家賃収入で５０００万〜１億円ほど入ります。

保有している物件は10棟以上で、それぞれの年間家賃が１０００万円前後。その頃には預金残高もかなり増えて、純資産は1億円を超えているでしょう。保有物件数を10棟から50棟へと、大幅に増やすことを目指してください。

つき合うべき銀行は、信用金庫よりも、地銀のようなより規模の大きいものにしていくべきでしょう。

ちなみに、信用金庫や信用組合は収入が少なくても借りられるというメリットがある一方、私のように資産が10億円を超えていると断られます。

「末岡さんは借入れが多すぎて……」と言われてしまうのです。

銀行とつき合いながら、戸建てやアパート、小規模なマンションから、大型物件への投資へ移行していきましょう。

すでに保有している物件に関しては、必要に応じて売却したり、担保として提供したりすることもできます。

より規模を拡大することを前提に、計画的に購入していきましょう。

大切なのは、目先のことだけを考えないこと。5年後、10年後の自分や家族が喜ぶような選択をしてください。

自分や家族が幸せになっている姿を想像しながら物件の購入や借入れ、売却などをしつつ、どれくらいの配分で、どのような物件に投資するかの割合＝ポートフォリオを組んでいくのです。

計画的に、20億円、30億円と資産を増やしていきましょう。

純資産が1億円を超えてくると、学ぶ機会が減ってくるので注意が必要です。

本から学ぶことは減り、ウェブ検索や動画もすでに調べ尽くしていることでしょう。手軽に手に入る情報では、物足りなくなっているはずです。

そうなると、**純資産がさらに多い人、それこそ5億円や10億円の純資産を持つ人をメンターにして学ぶしかありません。**


私の純資産は10億円を超えています。

純資産が1億円を超えている人は「末岡塾」に相談してください。

家族も含めた経営計画など、資産を拡大させる手法があなたを待っています。

有料の塾やセミナーはケチってはいけません。実績があるメンターの教えに対しては、年間300万円であっても研究開発費として支払うべきです。

なぜなら、学んだ後に買う物件は確実に300万円以上の儲けを出します。

投資があなたの「方舟」となって、さらなる資産を運んできてくれるでしょう。

資産家への
ファストパス

学びへの投資を惜しまない。

安いセミナーで勉強するほどお金を失う

「タンスを安く購入できたのはいいけれど、引き出しが抜けずに損をした！」

これは『江戸いろはかるた』にあるエピソードの一つです。

「安物買いの銭失い」ということわざの語源にもなったそうです。

似たような言葉に「安かろう、悪かろう」があり、どちらも「お金をケチるとロクなことがない」という教訓があります。

投資家にとっては、「然るべきところに投資すべきだ」という教えになります。

不動産ＩＱ１４０以上にしたい人は、安価なセミナーで勉強するのはＮＧです。

不動産ＩＱ60～１００ぐらいの人であれば無料のセミナーからも学びは得られるかもしれませんが、１２０を超えたら有料セミナーに絞るべきです。

不動産ＩＱ１４０以上ともなれば、有料セミナーの中でも高額なものに限定する必要があります。実績と中身があるセミナーに的を絞ってください。

有益なセミナーを見極めるポイントは３つです。

1．「高額」であること

良質なセミナーは、「学び」と「気づき」と「成長」が得られます。
有益な情報は安くは売っていません。
お金を支払って有益な情報を得ることも投資の一つです。

2．セミナーへの参加が「利益」になること

より良い物件情報や契約条件などを知ることができます。
参加してもリターンのないセミナーがたくさん存在します。
自分の利益になるかどうかを厳しくチェックしてください。

3．有益な「出会い」があること

価値のある人から学べること。
主催者のプロフィールを見て、その人とつながることで望ましい人脈形成になるかどうかを検討しましょう。

また、セミナーにいる不動産IQの高い人々と出会えることもメリットです。

意識の高い人たちとの関係を構築すれば、さらに飛躍していくことができます。


無料のセミナーでも、高額のセミナーでも、共通して言えるのは、**「メンターは使うぐらいの気持ちで向き合うべき」**ということです。

本書の執筆時点で私の塾には40人ほどの生徒がいますが、どんどん質問して私を「使おう」としているのは10人ぐらいです。

その10人は、純資産がどんどん増えています。

純資産は1億円超、含み益は年間数千万円規模になります。

彼らは、塾に投資した金額以上の学びと資産を手にしています。


結論は、「大金波動」を持っているコミュニティに参加するのがお勧めです。

世の中にはいろいろなコミュニティがありますが、「大金が欲しい」と志している人々が集まっている場は、お金のエネルギーに満ち溢れています。

資格や知識の勉強をするだけのコミュニティには、参加する必要はありません。なぜなら、参加してもあなたの資産は増えないからです。

大金波動があるかどうかを見極めてセミナーを選べば、そこでの出会いと学びがあなたを「金持ち列車」へと導いてくれます。

自分を成長させてくれる場を意識的に選択することが大事です。

百発百中で良いセミナーを見つけるのは難しいかもしれませんが、5件回ればそのうちの1件は心に刺さるものがあるはずです。

少なくとも、「引き出しが抜けずに損をする」セミナーには絶対に行かないようにしましょう。

資産家への
ファストパス

メンターを「使い倒す」。

The magic of real estate IQ

元警備員がたった6年で33億円の資産家になった

年収200万円から、たった6年で33億円の資産を保有する資産家になった人がいます。当社の社員、山田高夫くん（42歳・仮名）です。

彼は元警備員で、年収もかなり低い状態でした。仕事内容はデパートの管理。毎日、泊まり込みの過酷な仕事をこなしていました。

ある日、中学生くらいの少年2人がデパートに訪れました。

そして、少年の一人が山田くんを指差して、こう言ったのです。

「おまえも勉強しないと、ああなるぞ」

山田くんは、顔から火が出るくらい大変なショックを受けました。

しばらくふさぎこんでいましたが、やがて転職を考えるようになりました。

「ボク、お金持ちになりたいんです！」

就職の面接に来た山田くんは開口一番、こう言いました。

当時の私は、ずいぶん羽振りが良さそうに見えていたのでしょう。

山田くんは、他人から羨ましいと思える仕事につきたいと考えたのです。

ただ彼は、警備員の経験しかなく、不動産に関してはド素人でした。

営業部として採用することはできなかったので、管理部に配属されました。

しかし、山田くんは諦めることなく何度も営業部への転属を希望しました。

やがて、管理部の仕事を一所懸命に頑張る彼を見て、私は希望する営業部に転属させたのです。


山田くんは、たまたま父親が開業医をしていたことと、預金が少しありました。

そのチャンスを活かして、「自分も不動産を買いたい」と申し出たのです。

最初は、両親も奥さんも大反対だったのですが、彼は今の状況をくつがえそうと説得を続けました。

もちろん、仕事には手を抜くことなく、夜遅くまで熱心に働いてくれました。

やがて、営業でも結果を残せるようになり、給料も少しずつ増えていきました。

その結果、1年後には両親と奥さんを説得できたのです。

奥さんが保証人になり、義父が資産証明をしてくれたため、普通のサラリーマンでは借りられないほどのローンを組むことができました。

家族全員が協力して法人を立ち上げ、銀行からの融資を引き出し、1億6000万円の資金を得ることに成功したのです。

山田くんはマンションを1棟購入し、年間の家賃収入は1500万円にもなりました。

家族みんなが団結することで、高額な不労所得を獲得できたのです。

やがて、会社の営業マンとしての年収で1200万円を達成。

それだけでも、警備員時代の6倍の年収です。

さらに山田くんは、弟と妹もやる気にさせて会社（資産管理法人）をつくりました。

最終的には、お父さん、本人、弟、妹で同じ会社を計4つ立ち上げました。

それぞれ3億～4億円の物件を購入し、トータル資産は15億円になったのです。

家賃収入を貯めて、銀行から、さらに巨額の融資を引き出すことにも成功。

お金にレバレッジをかけたのです。

最初の不動産投資から6年が経ち、現在の山田くん一家の資産は、なんと33億円になりました。

もちろんローンの支払いは残っていますが、一族が団結することで巨額の資産形成に成功したのです。

今では、誰もが山田くんを羨むようになりました。

しかも、家族一丸となったことで、家族も幸せにしたのです。

デパートで山田くんのことを蔑んだ少年は、この事実を知ったらきっとこう言うでしょう。

「おまえも、あの人みたいなお金持ちになれよ！」

資産家への
ファストパス

不動産投資で年収は逆転できる。

投資家を食いものにする悪徳業者から学ぶ

ローン総額は1500億円以上、被害者の数は約10000人……。

2018年に発生した『かぼちゃの馬車』事件です。

発端は、女性専用のシェアハウスをサブリースで販売したことにあります。ところが、入居者がなく家賃収入を得られなかったため、支払いが滞り、経営破綻しました。

この事件は不動産業界だけでなく、社会的にも大きなインパクトを残しました。

なぜ『かぼちゃの馬車』事件の被害者は生まれてしまったのでしょうか？

いろいろ考えられますが、**自分の頭で考えて投資しなかったことが最大の要因だと思います。**

「不動産ＩＱが低いまま、物件を買わされてしまった」わけです。

不動産ＩＱが低いと、目先の利益に流されてしまいます。

失敗するのはいつも、強欲な人です。

たしかに騙された部分もあるかもしれませんが、後で裁判をしたり、訴訟をしたりするのは、投資家としては猛省が必要です。

何より、契約書に印鑑を押したのは、投資した人たちなのです。

不動産ＩＱが低いまま誘惑に負けると、悲惨な結末が待ち受けています。

資産を増やすのも、資産を守るのも、自分しかいないということを肝に銘じておきましょう。


その他の失敗事例としては、「将来の年金目的」や「節税目的」で都心の新築ワンルームに投資するケースが挙げられます。フルローンで購入した場合、キャッシュフローが回らないだけでなく、資産としても目減りしていくのがオチです。

新築マンションは、買ったとたんに価値が半分になります。

ローンが払えずに売却したとしても、二束三文。最終的には大損です。

YouTubeで検索すると、似たようなケースがたくさんアップされているので、興味がある方はぜひチェックしてみてください。

また、地主のサブリース契約の失敗事例もあります。

サブリースは「奴隷契約」と紹介したように、ただでさえ少ない家賃な上に、管理費を取られ、リフォームをはじめ厳しい条件を強いられながら、最後は土地ごと根こそぎ奪われます。被害に遭っている地主は全国にたくさんいます。

地主はD社やT社、R社などと契約しているのですが、そのような業者に引っかかると、資産が増えるどころかすべて奪われてしまいます。訴えても、相手は優秀な弁護士を抱えており、勝訴は不可能と考えたほうが良いでしょう。

さらに、リスクとして意識しておきたいのは「金融機関の一括返済」です。

金融機関から融資残高の一括返済を求められることがあります。

次のようなケースでは、物件を競売にかけられ、借金だけが残る人もいます。

・ローンの滞納や担保割れ。担保にしている不動産の評価額が、ローンの残高より少なくなっている状態。

・住宅ローンで購入した物件を賃貸に出した。

・住宅ローンで不動産投資をしていることが金融機関にバレた。
・借入金を他の用途に利用した。事業への転用、教育資金、遊興費など。
・物件を売却する場合。抵当権を解除する必要があるため。

地震などの天災リスクにも対処しておく必要があります。

対策を取っておかないと、物件をすべて失ってしまいかねません。

火災保険や地震保険があるので、物件のハザードマップをよく確認しながら、できるだけリスクを回避していくことが大切です。


これらの失敗やリスクにある根本的な問題は、どれも同じです。

「知らなかった」では済まされません。

現状を認識しつつ、自分自身のレベルアップを図っていきましょう。

資産家への
ファストパス

想定外のリスクを想定する。

資産活用にお勧めの不動産サイト3選

内閣府のデータによると、現在、総世帯におけるスマホの普及率は、89・9％となっており、日本人の約9割がスマホを使用していることになります。

ＭＭ総研が２０２４年1月に行った調査によると、1週間のスマホ使用時間は20時間を超えたそうです。

仕事をしたり、家族や友人と連絡を取り合ったりしている以外の時間で、あなたはスマホで何をしていますか？

不動産ＩＱを高めたいなら、不動産投資に関する情報収集を行いましょう。

スキマ時間を積極的に活用して、不動産ＩＱを向上させてください。

ここでは、お勧めの不動産サイトをご紹介します。

みんなの0円物件®　https://zero.estate/
不動産を「あげたい人」と「ほしい人」をつなぐ、無償譲渡物件のマッチング支援サイトです。その名の通り、掲載されている物件はすべて０円なので、掘り出し物が見つかるかもしれません。

競売公売.com　https://xn--55q36pba3495a.com/

競売や公売にかけられている物件が掲載されているサイトです。全国から探すことができて、一般に売られている物件よりもお得に購入できるのでぜひチェックしておきましょう。

任意売却ドットコム　https://sonwosinai-ninibaikyaku.com/

競売にかけられる前に物件を売却する「任意売却」のポータルサイトです。全国の専門家に相談することができ、任意売却物件の情報収集にも役立ちます。

資産家への
ファストパス

お金はネットの中に落ちている。

「不動産EQ」を高めて周りの人も幸せにする

ＩＱと並列して使われることが多い、「ＥＱ」をご存知でしょうか？

ＥＱとは、「Emotional Intelligence Quotient」の略称で、日本語では「心の知能指数」や「感情指数」と表現されています。相手の感情を理解し、人間関係を良好にし、人生のクオリティを高めるための能力です。

本書ではこれまで、「不動産のＩＱ（知能指数）」を高める方法を紹介してきましたが、最後に「不動産のＥＱ（感情指数）」についてもふれておきましょう。

成功して富を築いたあなたに、今後必要なのは、自分だけでなく周りの人たちを幸せにするという「思いやり」です。

一般的な不動産投資家は、自分の資産を増やすことに注力しています。

しかし、さらに大きな資産をつくるには、配偶者や子ども、両親、さらには祖父母や曽祖父母など、一族全体で豊かになるという「不動産ＥＱ」が大事です。

目先の収益よりも、10年、20年、30年、さらには100年後を見据えられるかどうかが、巨万の富を得られるかどうかを左右するのです。

先祖から譲り受けた土地を運用したり、親子で不動産投資をしたり、子どもに物件を引き継いでもらったり……。これからやるべきことはたくさんあります。

一族が連帯していくには、不動産IQだけでなく不動産EQが欠かせません。身近にいる大切な人を思い浮かべて、その人たちのために何ができるのか、どうすればともに資産を増やしていけるのかを検討するのです。

将来、好きなことをするには、一致団結して資産を守り、資産を増やす行動が必要です。

資産が増えれば、自由な時間も快適な環境も手に入ります。

私自身、母親や弟をはじめ、社員など、周囲の人間も不動産投資で資産家にしており、全体として豊かな暮らしを実現しています。

100年後はまだ先の話ですが、少なくとも、未来を見据えて一族全体として不動産ＩＱ、不動産ＥＱを高めていくための準備をしています。

その先にあるのは、家族や社員、「仲間コミュニティ」に参加しているみんなの笑顔です。


「家庭でお金の話をするのは気が引ける」という人もいるかもしれません。

ごく当たり前のようにお金の話ができることが、資産家になるための近道です。

「貧乏列車」にずっと乗っている人は時々、こんなことを言います。

「お金をたくさん稼ぐ人は悪い人だ」

「金持ち列車」に乗っている人に嫉妬心があるのです。

お金に対するバリアがある人は、まずはそれを外してください。

日本人はお金に対する抵抗があり、貧乏が次の貧乏へと引き継がれていく負のスパイラルがあります。その負の連鎖を、ぜひ不動産投資で断ち切ってください。

お金は明るい未来を手に入れるための「手段」です。

手段を否定する人が果たして夢（目的）を叶えられるでしょうか？

きちんとお金とつき合えている人だけが、笑顔でいられて、周りの人もハッピーにすることができるのです。


家族で不動産投資をすると、お金を融資し合うこともできます。

お互いの連帯保証人になることもできます。

一緒に会社をつくることもできます。

また、一族内で不動産取引をすることも可能です。

わが家では、弟や母のサポートをするだけでなく、奥さんの妹に優良物件を売却するなど、親族間取引にも着手しています。

資産家へのファストパス

家族や仲間と手を取り、巨富を築く。


不動産IQと不動産EQ、どちらも高めていくことが大切です。

富だけでなく、「大金思考」も次の世代に引き継ぐことができます。

知識も心の豊かさも、あなたの明るい未来を実現するための武器になります。

究極のメンターは「10年後の自分」

2024年、本書が出版される頃、私は48歳を迎えています。

10年後には58歳になり、還暦に近い年齢です。

そんな私が常日頃から思っているのは、「還暦を迎えた自分が嬉しいと思えることを、今からやろう！」ということです。

還暦の自分がどんな環境にいるのか、思いを馳せてみるとわくわくしかありません。

6人の子どものうち、一番上の子が30歳、一番下の子は20歳を過ぎて成人になり、孫がいれば私はおじいちゃんです。みんなそれぞれ独立し、家族を持ったり子どもを持ったりしながら、私の家に集まってきます。

孫を含めれば総勢20人以上。夏の暖かい日に、私がつくったワイナリーの庭でバーベキューをしながらプールで泳ぎ、思い思いに遊んでいます。

そこには、弾けるような笑顔が広がっています。

それぞれ、自分の夢にチャレンジする人生を歩んでいることでしょう。


私たち夫婦は相変わらず仲良しで、一緒にワインを飲んだり、子どもや孫の話をしたりしています。60歳を迎えた私は、グラミー賞を受賞。東京ドームで5万人規模のライブを行い、たくさんのファンに囲まれていることでしょう。

ファンの中には、不動産投資に目覚めてたくさんのお金を手に入れ、私と同じように幸せになっている人もいます。

不動産IQ講座の塾生も1万人、2万人と、どんどん増えて、その家族を含めると100万人規模にまで増えています。その多くは億万長者です。


今の活動を続けていくと、10年後にはこんな未来が待っているはずです。

私は、理想の未来に思いを馳せて、具体的にイメージしています。

10年後の「裕福な生活」「快適な環境」「充実した満足感」をつくるのは、今の「あなた」の決断です。そのためには、毎日、正しい選択をしなくてはなりません。

私は、その正しい選択を「正解のボタン」と呼んでいます。

そして、その正しいボタンを押した人だけが理想の10年後を手に入れることができるのです。


無数にある人生の選択肢から、正しいボタンを見抜くのはとても難しいことです。

私自身、今でも日々問いかけています。

「今日、私は、正解のボタンを押せただろうか？」

「そのボタンは理想の10年後を実現するだろうか？」


常に自問自答しながら時間を使って判断し、「未来の選択」をしているのです。

適当にボタンを押すのなら、誰にでもできます。

また、誰かに影響されて、どうでもいいボタンを押すのは簡単です。

重要なのは、あなたが自分自身と対話しながら、正解のボタンを決めること。

望む未来を強くイメージし、生き方やお金との向き合い方を、自分で決めなくてはならないのです。

人生に遅すぎることはありません。今からでも、いくらでも変えられます。
本書を読んだ今、あなたは正しい選択ができるようになっています。
過去の人生や過去の人たちに惑わされる必要はありません。
価値観を変え、時間の使い方を変えれば、現在は変わり、未来も変わります。
自分のために、家族のために、正しいボタンを押してください。
そのヒントとなるのが、「不動産ＩＱ」を高めることです。
不動産投資の知識と体験は、必ず、あなたの強い味方になってくれるはずです。
勇気を持って、正しいボタンを押してください。
理想の10年後に待っている未来のあなたが、あなたのメンターなのです。

本書を読んだ多くの人たちが明るい未来を実現できたら、著者としてこの上もなく嬉しく思います。

２０２４年11月　北海道北広島にある自宅のブドウ畑にて　末岡由紀

デザイン
鈴木大輔・江﨑輝海（ソウルデザイン）

出版プロデュース
株式会社天才工場（吉田浩）

編集協力
株式会社マーベリック（大川朋子・奥山典幸）

構成
山中勇樹

DTP
三協美術

校正
ぷれす

SPECIAL THANKS
アユカワタカヲ・石田由美子・稲村泰誠・今井孝・岩田裕子・岩田由佳・
大坂結唯・大山愛佳・岡田健志・尾田直美・尾花智明・折口雅博・喜田浩司・
木原慎一・久保山裕子・倉石ルーク灯・黒田義之・斉藤三寛・坂上良恵・
坂本恵・佐々木紀幸・佐藤紀寿・静岡の元教師すぎやま・鈴木重史・高木一滋・
武田健一・棚橋 UNA 信仁・谷村亮樹・陳裕達・CHINO・堂真道・戸村光・
鳥山昌則・永江将典・中島真由美・中谷よしふみ・中野博・中村和貴・
南原竜樹・野田ユウキ・濱口茂樹・原研・バリ島兄貴丸尾孝俊・平野洋一・
蓬莱功一・鉾立由紀・Mass・三宅俊輝・向井秋久・山城真由美・
矢間太結乃人・山平善清・吉田浩・吉田佑太・りょう社長・渡辺日菜子

書籍の無料特典はこちらの
QRコードからお受け取りください!

不動産IQの魔法を
お買上げいただき
ありがとうございます。

不動産IQを高めたい方は
不動産IQの魔法 公式LINEに
ぜひご登録ください!!

新規登録特典は右面をチェック

不動産投資に関わる情報や
末岡由紀の講演・セミナー・
イベント情報を無料で配信いたします!!

末岡由紀@不動産IQの魔法 公式LINE
新規登録特典とメール登録で
セミナー動画無料プレゼント!!

2024年に開講した末岡由紀が塾長を務める末岡塾。
入塾後に成果を出した2名の塾生の進化の過程を
インタビュー形式でヒアリングします。
是非ご覧ください!!

アーカイブ 90分

ケース1
年収180万円貧乏シングルマザーから
有料老人ホーム経営者に。
そして不労所得年間56万円、資産1億円
不動産オーナーに至る具体的な道のり

販売価格 2,030万→購入価格1,850万 オリックス銀行1,750万 融資 金利3%→2.5%
自己資金100万 初期費用 約180万 年間CF56万

ケース2
香川県飲食店経営者が不動産オーナーを
目指し、わずか1ヶ月で、自己資金無し、
オーバーローンで利回り58%のアパートを
所有したリアルな話

■購入価格	350万	■現状家賃 月額107,000円	■リフォーム後
建物構造	木造	【3.2万×1戸】【2.5万円×3戸】	満室時想定月収/171,000円
築年数	築58年	年間1,284,000円	満室時想定年収/2,052,000円
4戸/6戸	(改装必須)	表面利回り36.69%	満室時利回り58.63%

さらに アーカイブ 120分
不動産IQが解る! 末岡の講座が分かる!!
塾生限定のセミナー動画を無料プレゼント!!
『不動産経験なくても、3年で年商1億円を生み出すリアルな実践方法』
①貯金391円なのに、どうやって純資産10億円になったのか??
①貯金391円ステージとはどんな状況だったか??
①不動産初心者のための、銀行以外からお金を借りて不動産を買う方法

不動産IQアカデミー
ご紹介と説明

Facebook

YouTube
「北の大富豪」

TikTok
@lets_daifugou

Instagram
@yoshinori.sueoka

末岡由紀（すえおか・よしのり）

1976年、北海道千歳市生まれ。風呂なし市営住宅に母子家庭で育つ。横須賀市の自衛隊の学校を中退し、札幌大学卒業後、不動産関連の企業に8年間サラリーマンとして勤務。その後、収益不動産企画会社を設立し起業独立。これまで道央を中心に、業界25年で、新築賃貸マンションを中心に588億円の物件をプロデュースしている。

2024年1月から『末岡塾』を開講。塾生の中には入塾6か月で、利回58％の物件をオーバーローンで購入した者もいたり、わずか8年で資産33億円達成した者もいる。資産10億円になる塾生1000人と伴走し育てる、資産1兆円コミュニティ『不動産IQアカデミー』を構築中で、塾生募集中。2023年に完成した3億円の自宅に広がる4ヘクタールのワイン畑には、ピノノワール、シャルドネを中心に栽培して、YouTube『北の大富豪』で公開している。

より多くの人に幸せ成功哲学や、不動産IQを伝えるために2022年より歌手活動を再開し、20歳の頃に夢見たドームライブへの夢に挑戦している。毎年12月6日の誕生日に大型ライブを東京で企画している。

誰でも「億り人」になれる

不動産IQの魔法

発行日	2024年11月29日　初版第1刷発行
著　者	末岡由紀
発行者	秋尾弘史
発行所	株式会社 扶桑社 〒105-8070　東京都港区海岸1-2-20 汐留ビルディング 電話　03-5843-8843（編集）03-5843-8143（郵便室） www.fusosha.co.jp
印刷・製本	精文堂印刷株式会社

定価はカバーに表示してあります。

造本には十分注意しておりますが、落丁・乱丁（本のページの抜け落ちや順序の間違い）の場合は、小社郵便室宛にお送りください。送料は小社負担でお取り替えいたします（古書店で購入したものについては、お取り替えできません）。

Printed in Japan

ISBN978-4-594-09890-2